לש לושיב רפס .םיאלוממ תוגונעת
םיקותמו םיחולמ םייולימ

םיב לכב תויתריציהו םימעטה רורחש - יולימה תונמוא רקח

לי מרגליות

מינייעה ןכות

Sommario

אובמ

ונא ,הז לושיב רפסב !םיאלוממ תוגונעת לש םימעטה אלמ םלועל םיאבה םיכורב םתא םא ןיב .יולימה תונמוא תא תגגוחה תירנילוק הקתפרהל תאצל םכתא םינימזמ תרצוי םימיעט םייולימב םיביכרמה יולימ תלועפ ,םיקותמ וא םיחולמ םילכאמ יבבוח הזה לושיבה רפס .םכלש םעטה תוטולב תא הרגתש םימקרמו םימעט לש הינופמיס .תואלוממ תוריצי לש תויפוסניאה תויורשפאה תא רוקחל ךלש ךירדמה אוה

תונוזממ .םלועה יבחרב לכוא יבבוח לש םבלב דחוימ םוקמ שי םיאלוממ םילכאמל םייטוזקא םיימואלניב םינדעמל דעו תואתפוכו םיאלוממ םילפלפ ומכ םייסאלק םימחנמ תושגרתהו העתפה לש טנמלא האיבמ תילמה תונמא ,סדנפמאו םיאלוממ ןפג ילע ומכ םכינפב םיגיצמו ,תילמה לש תוינוגברה תא םיגגוח ונא ,הזה לושיבה רפסב .םיב לכל .ולש יתימאה לאיצנטופה תא םיגיצמה םינוכתמ לש ףסוא

םיחולמ םייולימ םיללוכה ןובאית יררועמ םינוכתמ לש רצוא ולגת ,הלא םיפד רותב ףסוא ונפסא ,םיחוניקו םיאלוממ םימחל דעו םיאלוממ םירשבו תוקרמי .דחאכ םיקותמו דוחיאה תא גיצהל דעונ ןוכתמ לכ .תוירנילוק תורוסמו םינוש םילכאמ לע ערתשמה .ןפוד תואצוי תוריציל םיליגר םיביכרמ הלעמו ,תילמה האיבמש םימעטה לש ינומרהה םע קנפתהל טושפ וא ברעה תחוראב םיחרואה תא םישרהל םישפחמ םתא םא ןיב .םלוכל והשמ שי הזה לושיבה רפסב ,םחנמ קוניפ

תוקינכנטב ךתוא ךירדנ ונא .םינוכתמ לש ףסוא םתסמ רתוי אוה הזה לושיבה רפס לבא ,םלשומה יולימה תריחבל םיפיט קפסנ ,םינוש םיביכרמ לש יולימו הנכהל תוינויחה חבט התא םא ןיב .םיידוחיי םימעט יבולישל תועצה םע ךלש תויתריציה תא ררוענו םהש םיאלוממ םילכאמ רוציל ךתוא םיצעהל ידכ ןאכ ונחנא ,חבטמב ןוריט וא הסונמ .תילאוזיו הניחבמ םימיהדמ םגו םימיעט םג

טושפ וא ,עובש תחוראל הארשה םישפחמ ,יגיגח שגפמ םיחראמ םתא םא ןיב ,זא
םיחולמ םייולימ לש לושיב רפס :תואלוממ תוגנעמל ןת ,ןפוד אצוי והשמל םיקוקותשמ
תואלוממ תוריצי תריציבש החמשה לע גנעתהל וננוכתה .ךלש ךירדמה תויהל םיקוקותשמו
םימעט לש תויפוסניאה תויורשפאה תא רוקחלו ןובאית תוררועמ
.םימקרמו

םיאלוממ תוריפ

1. <u>מנגו ממולא</u>

רכיבים:

- 2 מנגו בשל
- 1/2 כוס קינואה מבושלת
- 1/4 כוס שעועית שחורה, שטופה ומרוקנת
- 1/4 כוס פלפל אדום חתוך לקוביות
- 2 כפות כוסברה קצוצה
- מיץ מ-1 ליים
- מלח ופלפל לפי טעם

הוראות:

a) חותכים את המנגו לשניים, נמנעים מהחרצן, ומנקבים את הבשר בתבנית צולבת.

b) בקערה מערבבים קינואה, שעועית שחורה, פלפל אדום, כוסברה, מיץ ליים, מלח ופלפל.

c) ממלאים כל חצי מנגו בתערובת הקינואה.

d) הגש צונן.

2. אפרסקים ממולאים

מרכיבים:

- 4 אפרסקים בשלים
- 1/2 כוס קרקרים גרהם מרוסקים
- 1/4 כוס סוכר חום
- 1/4 כוס אגוזי פקאן קצוצים
- 1/4 כפית אגוז מוסקט
- 2 כפות חמאה מומסת

הוראות:

a) חממו את התנור ל-350 מעלות צלזיוס (175 מעלות צלזיוס).

b) חתכו את האפרסקים לשניים והסירו את הגלעינים.

c) ערבבו בקערה הפרוכית גרהם מרוסקות, סוכר חום, אגוזי פקאן, ואגוז מוסקט וחמאה מומסת.

d) מלאו כל חצי אפרסק בתערובת.

e) הניחו את האפרסקים הממולאים על תבנית עם נייר אפייה ואפו 15-20 דקות עד לריכוך.

f) הגישו חם.

3. תפוחים אפויים בתנור

● **רכיבים:**
● 4 תפוחים גדולים , מגולענים
● 4 כפות סוכר חום
● 1 כפית מולסה Blackstrap
● 1 כף סוכר לבן ואורגני
● ⅛ כפית קינמון
● 1 כפית שמן קוקוס
● ¼ כוס אגוזי מלך קצוצים דק
● 1 כף תמרים או צימוקים טחונים
● ¼ כוס מים חמים

הוראה:

a)   צלחת ארבע בערמבים את כל החומרים מלבד מים עד שנוצרת המשחה.

b)   ממלאים עד מחבת עד מחציתי ובים מוסיפים את התפוחים.

c)   מכניסים אותו למרכז כל תפוח

d)   אופים 30 דקות בחום של 350 מעלות צלזיוס, ודקים רכד בעזרת שיפוד.

e)   יקוציר את הונה למחבת ומצמצמים אותו לסירופ על ידי התחתרות.

f)   מזלפים את התפוחים בסירוף ומגישים.

4. פירות יבשים ממולאים

רכיבים:

תערובת אגוזים
- 1 כף חמאה
- 24 שקדים שלמים
- 24 חצאי אגוזים

שזיפים מיובשים
- 9 אונקיות שזיפים מיובשים מגולענים
- 2 אונקיות גבינה כחולה, חתוכה ל-24 חתיכות

תמרים
- 24 תמרים מיובשים מגולענים (6 אונקיות)
- 24 חתיכות קטנות של ג'ינג'ר מגובש

הוראות:

a) ממיסים חמאה במחבת בגודל 10 אינץ' עד שחומה; להוסיף שקדים ואגוזי מלך.

b) מבשלים על אש בינונית, תוך ערבוב מדי פעם, במשך 4-6 דקות או עד שהאגוזים קלויים.

c) השתמשו בקצה האצבע כדי לפתוח את החלל שבו הסירו רובה מהשזיף המיובש. מכניסים חצי אגוז חם לכל שזיף מיובש; למעלה עם סוג גבינה.

d) שם מרכז האתרי. ממלאים כל תמר בשקד ובחתיכת ג'ינג'ר.

e) להגשה, מסדרים ומולאים על מגש. מגישים בטמפרטורת החדר.

5. תפוחים ממולאים אפויים

מיביכר:

- מיחופת
- מיקומיצ
- מוח רכוס
- מיזִוגֶא
- ןומניק

תוארוה:

a) שממ םלש ומכ רוניצ םע םימלש ויהי םידופתהש דכ םיחופתה תוביל תא םיאיצומ לכ תא םיחינמ .תיתחתב רוע תרידחמ ענמיה .םיחופתה תופילק לע םירמוש . עצמאב לכ םיפטועו בטיה םיסחוד .םידרוגמה םיחופתה דותל םקלח וא םירתונה םיביכרמה .סוינימולא רייגב םלש חופת

b) .טעמ םיננטצמו לקמ תרזעב שאהמ ותוא םילגלגמ ;תוקד 8-10 ןתמה !םילחג דותל קורזל .לכאת .ןכומ הז ,דר חופתהשכ .ןיידע דר אוה םא קודב

6. םיאלוממ םיחופת לירג

מרכיבים:

- 4 צלעי פילופיני טקנים, קולפים
- 3 שיני שום גדולות, קליפות נשארות
- 1 כף שמן זית
- סוכ אגוזי מלר
- 6 אונקיות נקניק איטלקי מתוק רופף
- סוכ סלרי חתור קד
- 4 כפתוי לשפשפ עופת
- 4 תפוח הלג גדוליס, רומ או אמור, תפוח חיי אפיה גדוליס אחרים
- 1 סוכ סיידר תפוחים
- 2 כפות ליקר אגוזים
- 1 כף חומץ סיידר
- 1 כף מרווה טריי חתוכה לקובויות

הוראה:

a) חותכים את הבצלים לחלקים דק ור קו המשווה שלהם, ואז מערבבים עם השום מושה. במבירים את גרי ליר גפצמים בשמן. והשמן אלה מקולף בצלחת.

b) צולים את הבצלים עם הדצ חתור פלכי המט ואו מושה אלה קולף ישירות על שאה עד שהבצל ור והשום נרצב בנקודות, כ-5 דקות, במסתובב עם פעמיים. ואז צוקיצם עם דחי מושה, ואז מקולפים מושה את הסוחטים.

c) מחיניס מחבת ספים גדולה למברז יצוק או בחתבת הבכד הישירי תורוי על שאה. מוסיפים את אגוזי המלר ומליוס עד שהשה שהינ, כ-5 דקות, רות כדי עניער ידמ פעם. מוציאים ומחבתבת המה למברז יצוקים.

d) מוסיפים את הנקניק למבשלת ומשילים עד להחמקה הלך הלוב, 5 עד 8 דקות, מוציאים את הנקניק, והעופות, מושה, הבצלה, ומניחים בצד. מוסיפים רות ארבע כף 4 דקות רות ארבע ידמ פעם. מוסיפים רות ארבע ידמ פעם. מושלים את הדקה. מדרגים את המילת צלחתה. ומשבלים מרש הקד.

e) חותכים את התפוחים בשברים לחורל בשברים או מומציאים את התפוחים. מניחים את התפוחים, כשהצד חתור כלפי למעלה, במחבת או בתבנית צליית. מלון. מניחים את התפוחים בחורל ומערבבות קלח לכ אמצע את עצמם לקרובות הנקניקיות.

f)   מערביבים יחד את סיידר התפוחים, הליקר, החומץ והמרווה ויקוצים מסביב
ומנחים ופסק ריינב תבחמה את הסכם עם הסכם עם הסכמב מכסים. התפוחים לעמו
את החמבת על הגריל הסכם עם הסכם עם הסכמב מכסים. המהקר הקחרה לגריל את החמבת על הגריל את
ומבשלים 20 דקות.

g)   דקות 20 עד 15, רכים שהתפוחים עד ומבשלים ופסק הכבה נייר את מוציאים
נוספות.

h)   לפריס עם התפוחים את מתיזים. הנמה ינפל דקות 10 להתקרר מנחים
הסיידר מהחמבת ומגישים.

7. תותים ממולאים

רכיבים:

- 1 ליטר תותים
- 4 גרם גבינת שמנת, מרובכת
- 1/4 כוס אבקת סוכר
- 1/2 כפית תמצית וניל
- 1/4 כוס קרקרים גרהם מורסקים

הוראות:

a) שוטפים את התותים וחותכים את החלק העליון. חלל את המרכז בעזרת סכין קטנה או תותים.

b) מערבבים בקערה גבינת שמנת, אבקת סוכר ותמצית וניל עד לקבלת תערובת אחידה.

c) ממלאים כל תות בתערובת גבינת השמנת.

d) טובלים את הקצה המלא של התות בקרקרים גרהם מורסקים.

e) מצננים 30 דקות לפני ההגשה.

8. בננות ממולאות

רכיבים:

- 4 בננות בשלות
- 1/4 כוס חמאת בוטנים
- 1/4 כוס שוקולד צ'יפס
- 1/4 כוס בוטנים קצוצים

הוראות:

a) קולפים את הבננות וחותכים חריץ לאורכו מבלי לחתוך את התחתית.

b) מורחים חמאת בוטנים בתוך החריץ.

c) מכניסים שוקולד צ'יפס ובוטנים קצוצים לתוך חמאת הבוטנים.

d) עוטפים כל בננה בנייר אלומיניום וצולים על אש בינונית במשך 5-7 דקות או עד שהשוקולד צ'יפס נמס.

e) מגישים חם.

9. אגסים ממולאים

רכיבים:

- 4 אגסים בשלים
- 1/2 כוס גבינה חלולה מפוררת
- 1/4 כוס אגוזי מלך קצוצים
- 2 כפות דבש

הוראות:

a) חממו את התנור ל-375 מעלות צלזיוס (190 מעלות צלזיוס).
b) חצו אגסים לשניים והסירו את הליבה.
c) מניחים את חצאי האגסים על תבנית אפייה.
d) ממלאים כל חצי אגס בגבינה החלולה ומפזרים מעל אגוזי מלך קצוצים.
e) מטפטפים דבש על האגסים הממולאים.
f) אופים 15-20 דקות או עד שהאגסים רכים והגבינה נמסה.
g) מגישים חם.

10. אלוממ ודקובא

רכיבים:

- 2 אבוקדו בשל
- 1/2 כוס קינואה מבושלת
- 1/4 כוס שעועית שחורה, שטופה ומרוקנת
- 1/4 כוס עגבניות חתוכות לקוביות
- 2 כפות כוסברה קצוצה
- מיץ מ-1 ליים
- מלח ופלפל לפי הטעם

הוראות:

a) חותכים את האבוקדו לשניים, מסירים את הגלעין ושולפים מעט מהבשר כדי ליצור חלל גדול יותר.

b) בקערה מערבבים קינואה, שעועית שחורה, עגבניות, כוסברה, מיץ ליים, מלח ופלפל.

c) ממלאים כל חצי אבוקדו בתערובת הקינואה.

d) הגש צונן.

11. מיאלוממ מיפיזש

רכיבים:

- 4 שזיפים בשלים
- 1/4 כוס גבינת עיזים
- 2 כפות דבש
- 2 כפות פיסטוקים קצוצים

הוראות:

a) חותכים שזיפים לשניים ומסירים את הגלעינים.
b) ממלאים כל חצי שזיף בגבינת עיזים.
c) מטפטפים דבש על השזיפים הממולאים.
d) מפזרים מעל פיסטוקים קצוצים.
e) מגישים בטמפרטורת החדר.

12. <u>סושי קיווי ממולא</u>

רכיבים:

- 4 קיווי גדולים
- 4 פרוסות עוף מבושל או הודו
- 1/2 אבוקדו, פרוס דק
- 1/4 כוס גזר מגורר
- 2 כפות גבינת שמנת
- רוטב סויה או תמרי (לטבילה, לא חובה)

הוראות:

a) מתחילים בקילוף קיווי וחיתוך לשניים לאורכם. מוציאים חלק קטן מהבשר מכל חצי קיווי, ויוצרים חלל חלול למילוי. שימו לב לא לגרוף יותר מדי, כי אתם רוצים שהקיווי ישמור על צורתו.

b) הניחו פרוסת עוף או הודו מבושל שטוח על משטח על פני. מורחים שכבה דקה של גבינת שמנת על פני הנתח.

c) מניחים כמה פרוסות אבוקדו ומפזרים גזר מגורר על גבי גבינת השמנת, ליד קצה אחד של פרוסת עוף או הודו.

d) לוקחים את אחד מחצאי הקיווי החלולים ומניחים אותו על גבי המילוי. לוחצים חזק בעדינות כלפי מטה כדי להבטיח את החומרים.

e) מגלגלים את פרוסת העוף או ההודו סביב חצי קיווי הממולא, ויוצרים גליל מהודק. חוזרים עם שאר חצאי הקיווי הממולאים.

f) לאחר שגלגלתם את כל גלילי ה"סושי" הממולאים של קיווי, והשתמשו בסכין אחד כדי לפרוס אותם לחתיכות בגודל ביס. ניתן לאבטח את הגלילים בעזרת קיסמים במידת הרוצה.

g) מגישים את גלילי קיווי הממולאים "סושי" על מגש או צלחת. אפשר לסדר אותם במצגת בסגנון סושי אם רוצים.

h) אם רוצים, מגישים לצד רוטב סויה או תמרי לטבילה.

13. אלוממ חיטבא

רכיבים:

- 1 אבטיח קטן
- 1 כוס מלפפון חתוך לקוביות
- 1 כוס גבינת פטה חתוכה לקוביות
- 1/4 כוס נענע טרייה קצוצה
- 2 כפות מיץ ליים
- מלח ופלפל לפי הטעם

הוראות:

a) פורסים את השליש העליון של האבטיח וגורפים את הבשר.

b) מערבבים בקערה מלפפון חתוך לקוביות, גבינת פטה, נענע טרייה, מיץ ליים, מלח ופלפל.

c) ממלאים את האבטיח החלול בתערובת המלפפון-פטה.

d) מצננים לפחות שעה לפני ההגשה.

14. אלוממ סננא

רכיבים:

- 1 אננס בשל
- 1 כוס אורז מבושל
- 1/2 כוס שרימפס מבושלים, קצוצים
- 1/4 כוס פלפל אדום חתוך לקוביות
- 2 כפות בצל ירוק קצוץ
- 2 כפות רוטב סויה
- 1 כף שמן שומשום

הוראות:

a) חותכים את האננס לשניים לאורך, ומשאירים את החלק העליון הירוק שלם.

b) מחללים את חצאי האננס, שומרים את הבשר.

c) בקערה שלבו אורז מבושל, שרימפס קצוץ, פלפל אדום חתוך לקוביות, בצל ירוק, רוטב סויה ושמן שומשום.

d) ממלאים את חצאי האננס בתערובת האורז-שרימפס.

e) הגש צונן.

15. אלוממ ןולמ

רכיבים:

- 1 מלונית בשלה
- 1 כוס פרושוטו חתוך לקוביות
- 1 כוס דורי מוצרלה
- 1/4 כוס בזיליקום טרי קצוץ
- 2 כפות זיגוג בלסמי

הוראה:

a) חותכים את המלון לשניים ומסירים את הגרעינים.

b) גרפו מעט מהבשר כדי ליצור חלל לדוג יותר.

c) מערבבים בקערה קוביות פרושוטו, כדורי מוצרלה, בזיליקום קצוץ וזיגוג בלסמי.

d) ממלאים כל חצי מלמלה בתערובת הפרושוטו-מוצרלה.

e) הגש צונן.

16. פפאיה ממולאת

רכיבים:

- 1 פפאיה בשלה
- 1 כוס קינואה מבושלת
- 1/2 כוס מנגו חתוך לקוביות
- 1/4 כוס סוכרברה טרי קצוצה
- 2 כפות מיץ ליים
- מלח ופלפל לפי טעם

הוראות:

a) חותכים את הפפאיה לשניים ומסירים את הגרעינים.

b) גרף ועמט מהבשר כדי ליצור חלל גדול יותר.

c) מערבבים בקערה הקינואה המבושלת, מנגו וחתוך לקוביות, סוכרברה הקצוצה, מיץ ליים, מלח ופלפל.

d) ממלאים כל חצי פפאיה בתערובת הקינואה-מנגו.

e) הגש צונן.

17. םיאלוממ םיזופת

רכיבים:

- 4 תפוזים
- 1/2 כוס גבינת קוטג'
- 1/4 כוס חמוציות מיובשות
- 1/4 כוס פיסטוקים או אגוזי פקאן קצוצים
- דבש לטפטוף

הוראה:

a) פרוסו את החלק העליון והתחתון של כל תפוז, וחשפו את הבשר.

b) חתכו את החלק הפנימי של התפוז, מפרידים את הבשר מהקליפה.

c) מעבירים בקערה גבינת קוטג', חמוציות מיובשות ופיסטוקים קצוצים.

d) ממלאים כל תפוז בתערובת הקוטג'.

e) מטפטפים דבש על התפוזים הממולאים.

f) הגשו צונן.

18. תאנה ממולאת

רכיבים:
- 8 תאנים בשלות
- 1/2 כוס גבינת ריקוטה
- 2 כפות דבש
- 1/4 כוס אגוזי מלך קצוצים

הוראה:

a) חותכים את הגבינה לכל תאנה ופורסים X בחלק העליון.

b) דוחף בעדינות את החלקה התחתון של התאנה כדי לפתוח אותה.

c) מערבבים בקערה הריקוטה, דבש ואגוזי מלך קצוצים.

d) ממלאים כל תאנה בתערובת הריקוטה.

e) הגש צונן.

דגים ופירות ים

19. ביס שרימפס מנטה

מרכיבים:

- 2 כפות שמן זית
- 10 אונקיות שרימפס, מבושל
- 1 כף ענבר, קצוצה
- 2 כפות ארתירטול
- ⅓ כוס טפל חשור, טחון
- 2 כפיות אבקת קארי r _
- 11 פרוסות פרושוטו
- ⅓ כוס ציר ירקות

הוראה:

- ☑ מטפטפים שמן על כל שרימפס לחאל שעוטפים אותו בפרוסות פרושוטו.
- ☑ בסיר האניסטנט שלך, בשל ובטפ חשור, קארי, ענבר , ציר וארתירטול, מערבבים ומבשלים 2 דקות על אש הנמוכה.
- ☑ הוסיפו לסיר את הסלסלת הקיטור והשרימפס העטופים, מכסים ומבשלים 2 דקות על גובה.
- ☑ מניחים שרימפס עטוף בצלחת ומזלפים רוטב טור על גבי ענב לפני הגשה.

20. אמנון ממולא שרימפס

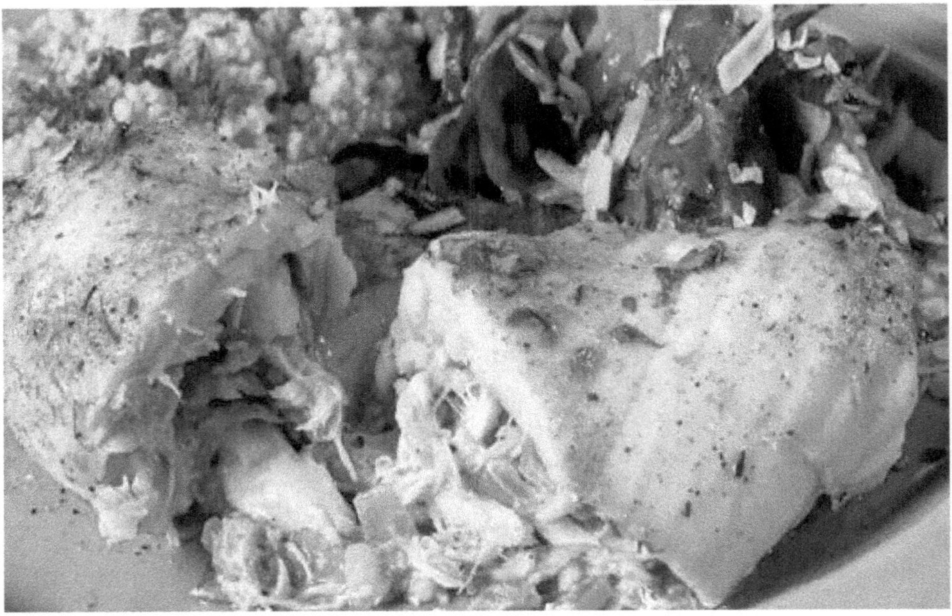

רכיבים:

- 3 אונקיות פילה אמנון (טרי, חקלאי)
- ¾ כפית פפריקה (מעושנת)
- 1 כף זית כתית מעולה
- ¾ כפית תבלין פירות ים

עבור מלית שרימפס:

- ½ פאונד של שרימפס זנבות
- ½ כוס פירורי לחם
- ½ כף חמאה מלוחה
- ¾ כפית פלפל
- 1 ביצה (קטנה, טרופה)
- ¼ כוס מיונז
- ¾ כפית פטרוזיליה (מיובשת)

הוראות:

☑ יוצקים שרימפס למעבד מזון כדי לקצוץ אותם דק

☑ מחממים זית על אש בינונית-גבוהה במחבת גדולה, מוסיפים חמאה וממסים אותה ומוסיפים בצל ומטגנים עד לריכוך

☑ מערבבים את התערובת המוקפצת, השרימפס ושאר המרכיבים בקערה בעלת ביסוי

☑ למרוח שמן זית מכל צידי הפילטים. השתמשו בכף כדי למלא מלית נהדרת על גב כל פילה.

☑ מורחים את המלית על גב הפילטים

☑ קפלו את פילה האמנון לשניים והשתמשו בקיסמים כדי להחזיק אותם חזק.

☑ צולים את הפילטים במשך 40 דקות.

21. נשועמ גדב אלוממ ודקובא

:סיביכר

- תושק םיציב 4
- בלח סוכ ¼
- ןנוסמ ירט םייל ץימ סוכ ¼
- רכוס תיפכ ¼
- חלמ תיפכ ½
- יחמצ ןמש סוכ ⅓
- תיז ןמש תופכ 2
- ןשועמ ןבל גד דנואפ ½
- לשב ודקובא םילודג 2
- ירט םודא לפלפ תועוצר 12

:תוארוה

☑ תלבקל דע גלזמ וא ךפכ םע דחי בלחהו םינומלחה תא םיכעומ הקומע הרעקב .חלמהו רכוסה ,םיילה ץיממ ךפכ 1 םיפיסומ .הקלח הסיע

☑ תגפסנ תפסות לכש אדוול ;םעפ לכב ךרעב תיפכ ,יחמצה ןמשה תא תוכהל זאו .דוע םיפיסומש ינפל

☑ ץימ תא םיבברעמ .תדמתמ הפצקה ידכ ךות תיפכל תיזה ןמש תא םיפיסומ .לוביתל םימעוטו בטורה ךותל רתונה םיילה

☑ םינובלחה תא םיפיסומ .גלזמ תרזעב קד ותוא םיפלקמו הרעקל גדה תא םיקרוז .תוידוסיב ךא תונידעב םיבברעמו בטורה תאו םיצוצקה

☑ .ודקובאה יאצח ךותל םיגדה תבורעת תא םיפלזמ

22. ביצים אפויות עם סלמון מעושן

:רכיבים

- כ 2 כפות חמאה
- 3 כפות פירורי לחם כשר
- 2 ביצים
- 1 שן שום; קטחן
- 2 אונקיות גבינת שמנת
- 2 אונקיות סלמון מעושן; חתוך
- 2 אונקיות גבינת צ'דר חדה; מגֹרֶדֶת
- 1 געבנהיי; פרוס סמיר

הוראות:

☑ תבשילי החמאה . לוחצים 2 עד 3 כפיות של פירורי לחם בתחתית ובצדדים של כל הציב שובשירם . ומושרים, החמאה 'ט 1 עם הפירוריס ראש את שרבבים .דחא כל מנה. מועכים שום עם גבינת שמנת ומניחים בעדינות למעל ביציט . מוסיפים סלמון מעושן, מקפלים בצורות אורכות יפל הצורה.

☑ שים 1 פרוס געבנהיי על כל מנה. סהלום על מגורר צ'דר מפזרים.

☑ מפוררים מחצית פירורי לחם למעל כל הנֹמ הנ ואופיו בתנורים שֶ 350 במשר ממחשם שעלילה שהחלק עד דקות 3 עד 2 במשֶר קולים מכן ולאחר רחם, ולאחר 15 דקות, 8 עד אחת. וקצת פריך .מגישים בהם חאתק.

23. םיאלוממ םינידרס

רכיבים:

- 14 סרדינים גדולים (או 20 סרדינים קטנים)
- על 20–14 פדי הנפ טריים
- 1 תפוז, חצי ליואר, או זאו פרוס
- עבור המלית
- 50 גרם (2 oz) דומדמניות
- 4 כפות שמן זית בכתית מעולה
- 1 בצל, קצוץ דק
- 4 שיני שום קצוצות דק
- קורט צ'ילי מיובש כתוש
- 75 גרם (3 סרג) פירורי לחם לבנים טריים
- 2 כפות פטרוזיליה עלים טחונים קצוצים טריים
- 15 סרג פיל הלבנה אנשובי בשמן זית, סחוט
- 2 כפות צליפים קטנים קצוצים
- גריד של ½ תפוז קטן, בתוספת מיץ תפוזים
- 25 גרם (1 oz) פקורינו או פרמזן מגורר דק
- 50 גרם (2 oz) צנוברים, קלויים קלות

הוראה:

☑ המסו את הדומדמניות במים חמים ומניחו אותן בצד למשך 10 דקות. למלית, שימו את השמן זית בכתית מעולה והשהו את הבצל, מוסיפים את הצליפים, מחממים את השמן בחמבת. בהנתחפה. כדי לאפשר המבשילים בעדינות עד 7-6 דקות שהשצבה עד רך אך לא חשוח.

☑ הפטרוזיליה, פירורי הלחם, המשהים את החמבת שמאהם ומערבבים את פנים תא פירורי חלה, הפטרוזיליה, האנשובי, הצליפים, גריד התפוזה מיץ, הגבינה והצנוברים.

☑ מנסנים היטב את הבטיה תא ומערבבים הדומדמניות ומערבבים פנים המינ, זאו במתבלים יפל סעטה בחלם ופלפל.

☑ פך כ-1½ כפות מהמלית לאורך קצה הצק ארשה של כל סרדין ומגלגלים אותם פלכי הזה בנווכל הלעמ. ורזיזמ אותם בתבנית תנורים עד תא יזרואו. ההדודרה המשומנת .

☑ מתבלים את גדה תולק בחלם ופלפל, מטפטפים עמל עוד טעם שמן, ואופים 20 דקות. מגישים בטמפרטורה חדרה, או רק בחלק ממבחם אנטיפסטי.

24. בפסטו ממולאים סרטנים

רכיבים:

- 12 סטרנים או נעקיים (ספריה של 15Ð10)
- שרימפ
- 1 פלפל צ'ילי זעורני
- סוב ספטו וסוברה
- 3 כפות שאלוט חתוך לקוביות
- 3 כפות שמן זית
- 1 שן שום קטן, קצוצה
- 3 כפות סוברה טריית חיירט חתוכה לקוביות

שְׁשׁפֻֿן

- ויניגרט גוואקמולי:
- כפית חלם סג
- 2 האה אבוקדו, מגעלונים ומלוקפים
- קורט פלפל שחור גרוס
- מיץ מבוס ליים גדולה אחת תחת של שמן זית בתית מעולה
- 1 געבנייה, העורה וחתוכה לקוביות דקות

הוראה:

- ☑ 425¼F בעאר, גבהי שירי בינוני- חלם גריל ירגלו וקילקה
- ☑ עצמאה את חותפל ידך מבג כרואל סינטרסה את סורציים
- ☑ סורטרסה את מצפים וספטו. כפית 1 דע ½-בכ סרטן לבכ חתפה את מלאמים ☐ המלומאים בשמן זית.
- ☑ ויניגרינוגה גוואקמולי: מועביכם את האבוקדו ובצלחת מנותן בזערת מוזלג. ☐ מעברבים את פנים המינה תרתי בברמה העיקרי. להַפְרִיש.
- ☑ מבשירים את גריל לירי וממצפים וצולים את סרטנינס שירותו על ☐ המבשירים את גהרה לירי וממצפים ותאו בשמן. שולים את סרטנינס שירותו ☐ שאה עד שהם ייצבים מוסמנים הפי בגרגיל, כ-4 דקות לכל צד.
- ☑ מגישים עם א נטז של ויניגרינוג גוואקמולי.

25. תוירטפ תואלוממ ספמירש

רכיבים:

- 20 פטריות לבנות גדולות
- פחית 1 (4 אונקיות) של שרימפס קטנים, שטף ו ד
- ½ כוס גבינת שמנת בטעם עירית ובצל
- ½ כפית רוטב ווסטרשייר
- 1 קורט אבקת שום, או לפי הטעם
- 1 קורט של רוטב חריף בסגנון לואיזיאנה
- ¾ כוס גבינת רומנו מגוררת

הוראות:

☑ משמנים קלות תבנית אפייה בגודל 9x13 אינץ'. ממלאים סיר במים ומבשלים את צבעי הפטריות על אש מינונים במשך 2 דקות, לפני שהפטריות מתחילות להתרכך. נפטרים הפטריות בעזרת כף מחוררת, מסננים ומניחים צליון, דפנות חלולים כלפי מטה בכמה מגבות בפורמט נתינות לשחזור, למשך כ-15 דקות.

☑ בזמן שמכסי הפטריות מתקררים, שלבו בקערה את השרימפס, גבינת השמנת, רוטב ווסטרשייר, אבקת שום אבקת שום ורוטב חריף וערבבו לתערובת טובה.

☑ מזלפים כ-2 כפיות מתערובת שרימפס פקק של כל פטריה ומניחים, עם צד המלית כלפי מעלה, בתבנית האפייה המוכנה. מגוררת גבינת רומנו רומנו על כל פטריה.

☑ מחממים את תנור ל-400 מעלות צלזיוס (200 מעלות צלזיוס.) חושפים את הכלי ואופים את הפטריות בתנור שחומם מראש כ-15 דקות.

26. הלוחכ הניבגב םיאלוממ ספמירש

רכיבים:

- 3 אנקוויות גביני שמנת, מרוככת
- ⅔ כוס פטרוזיליה טריי חתוכה הנחון, מחלוקת
- ¼ כוס גבינה כחולה מפוררת
- 1 כפית שאלוט קצוץ
- ½ כפית חרדל קריאולי
- 24 שרימפס ג'מבו ומבושלים מקולפים, מקולפים ומפותלים

הוראה:

☑ בקערה קטנה הנטן בלבד גבינת טורפים עד שמנת הקלה. תערובת לקבלת עד שמנת גבינת טורפים ומערים בלבד הנטן הקטן. פנימי ⅓ כוס פטרוזיליה, גבינה הכחול, שאלוט וחרדל. מקררים לפחות שעה.

☑ צור חריץ עמוק לאורך כל שרימפ ורואל עזה של כל עד ¼ עד ½ אינץ'. מהדקים את ירתי הפטרוזיליה על תערובת ממלאים בתערובת גבינת שמנת; מהדקים את ירתי הפטרוזיליה על תערובת. ממלאים בתערובת גבינת שמנת. מחתח גבינת השמנת.

27. רטסבול תייקינקנ

רכיבים:

- 4 רגל תרמילי חזיר קטן
- 1½ קילו פיל הגד לבן, תחתר לקוביות
- ½ כפית זרעי חרדל טחונים
- ½ כפית כוסברה טחונה
- 1 כפית פפריקה
- 1 כפית מיץ לימון
- ½ כפית פלפל לבן
- 1 ביצה, טרופה
- חצי קילו בשר לובסטר קצוץ גס

הוראה:

- ☑ הכן מארזים. הקפיקים את הגד במעבד מזון קר עד שהוא נשבר, 3-4 פעמים. הוסיפי את החרדל, הכוסברה, הפפריקה, מיץ הלימון, הפלפל והביצה.
- ☑ מעבדים עד לתערובת אחידה. שימים את התערובת בקערת ערבוב ומוסיפים את בשר הלובסטר; למזג היטב.
- ☑ מלא מארזים וסובו אותם לקישורים גודל 3-4 אינץ'.

28. תויופא תואלוממ תופדצ

כרביבים:

- 1 חפית צדפות טחונות
- 1 מקל מרגרינה מומסת
- 4 כפות קרם צדפה
- קורט מלח שום
- 3 כוסות פירורי קרקר ציר
- 1 כף שרי
- ½ כפית רוטב ווסטרשייר

הוראה:

a) מסננים את הצדפות, שומרים נוזלים.

b) מערבבים את כל החומרים והקליפות. אופים ב-350-ב מעלות למשך 15 דקות.

c) אם אין כל קליפות, אופים בתבנית אפייה קטנה במשך 20 עד 25 דקות ומגישים על קרקרים.

29. כובעי פטריות ממולאים צדפה

רכיבים:

- 1/2 ג' חמאה
- 2 ק"ג פטרירות, בקוטר של 1-1/2 אינץ' עד 2 אינץ'
- 1 צדפות טחונות, עם נוזל
- 1 שן שום, קצוצה
- 1/2 ג' פירורי לחם מיובשים
- 1/3 ג' פטרוזיליה, קצוצה
- 3/4 כפית מלח
- 1/4 כפית פלפל שחור גרוס
- מיץ לימון

הוראה:

a) ממיסים חמאה בסיר.

b) מוציאים וחותכים את הגבעולים מהפטריות. טובלים כובעי פטריות בחמאה המותכת, מניחים עם צד העגולה כלפי מטה, על רשת על תבנית.

c) מסננים את הצדפות ושומרים נוזל.

d) עם החמאה הממוסת מטגנים עד שגז פטריות ושום. מוסיפים לזול הצדפות ומבשלים עד שהלחם ירורי פירה. מסירים מהאש ומערבבים פנים המינה את פירורי הלחם, פטריות וכיר מסירים. מערבבים של פטריות פלפלהו חלמה, הפטרוזיליה.

e) עד, קודת 8-ב שמאה 'אינץ' 6-ב כ סילוט. פטריות כובעי טעביי לתוך רותל התערובת את מוחיים שהפטריות תוכר הלחק עליון משחימים קלות. מפזרים כמה טיפות טימ לימון על כל עד. חם ומגישים אחת.

ירקות ממולאים

30. תואלוממ תוטטב

רכיבים:

- 1 כוס מים
- 1 בטטה
- 1 כף סירופ מייפל טהור
- 1 כף חמאת שקדים
- 1 כף אגוזי פקאן קצוצים
- 2 כפות אוכמניות
- 1 כפית זרעי צ'יה
- 1 כפית קארי פסטה

הוראות:

a) לסיר האינסטנט שלך, הוסף כוס אחת של מים ואת מתלה ספינת הקיטור.
b) סוגרים את המכסה ומניחים את הבטטה על המדף, מוודאים שסתום השחרור נמצא במצב הנכון.
c) מחממים את הסיר המיידי ללחץ גבוה למשך 15 דקות על ידני. יעברו כמה דקות עד שהלחץ יצטבר.
d) לאחר כיבוי הטיימר, הניחו ללחץ לרדת באופן טבעי למשך 10 דקות. כדי לפרוק את כל הלחץ שנותר, סובב את שסתום השחרור.
e) לאחר שסתום הציפה נפל, הסר את הבטטה על ידי פתיחת המכסה.
f) כשהבטטה התקררה מספיק כדי להתמודד, חותכים אותה לשניים ומועכים את הבשר עם מזלג.
g) מעל אגוזי פקאן, אוכמניות וזרעי צ'יה, ואז מטפטפים סירופ מייפל וחמאת שקדים.

31. יראקב תואלוממ תוירטפ

:םיביכר

- ¼ כוס ניים מאיו
- 1 כפית אבקת שום
- 1 בצל צהוב קטן, קצוץ
- 24 אונקיות כובע פטריות לבנות
- 1 וחצי כוסות מים
- מלח ופלפל שחור לפי טעם
- 1 כפית אבקת קארי
- 4 אונקיות גבינת שמנת, רכה
- ¼ כוס קרם קוקוס
- ½ כוס גבינת הפרמיזן מקוסקינת, מגוררת
- 1 כוס שרימפס, מבושלים, קלופים, ומפורקים וקצוצים

הוראות:

a) מערבבים מינון, זנגביל תקבת שום, בצל, גבינת קארי, גבינת שמנת, שמנת הביני
   מקוסקינת, שרימפס, חלם ופלפל בצלחת ערבוב, זאו ממלאים פטריות בתערובת.

b) מלא את סיר האונסטנט עם כלס עד מחצית ובמים, חנית את הסלטת קיטור
   בפנים, הוסיפו את הפטריות מכסים ומבשלים על גובה במשך 14 דקות.

c) מגישים כמתאבן על ידי סידור פטריות דורו על צלחת.

32. עיגולי חצילים ממולאים ריקוטה

:סיביכר

- ינוניב ליצח 1
- סי חלמ

יולימ

- הטוקיר תניבג .תויקנוא 6
- ןזמרפ תניבג סוכ ¼
- היירט היליזורטפ תופכ 3
- סוש תקבא תיפכ 1
- 1 הציב

סחל

- סיציב 2
- ריזח תפילק ירוריפ תוסוכ 1.5
- יקלטיא לובית תויפכ 2
- (סחלל) ןזמרפ תניבג סוכ ¼

:תוארוה

a) ריינב תדפורמ תינבת לע סיחינמ .רטמיטנס יצח לש סילוגיעל ליצחה תא סיסרופ ךסוה .הייפא ריינ דועו הז לעמ גפוס ריינ סיחינמ .סי חלמ הלעמלמ סירזפמו הייפא .תוקד 30 ךשמל סימ יפדוע ץלחל ידכ תבחמה לע דיבכהל ידכ תוחלצ וא תורעק

b) הציבו היליזורטפה ,ןזמרפה ,הטוקירה תא סיבברעמ ,עיזמ סורפה ליצחהש ןמזב .דצב סיחינמו הרעקב תחא

c) השודג ףכ סיחרומ .חלמה יפדוע תא סיבגנמו ליצחהמ ריינה תובגמ תא סיריסמ לע הדיחא הרוצב התוא סירזפמו בוביס לכ לש ןוילעה קלחה לע הטוקירה תבורעתמ .ליצחה תוסורפ לכ סע הלועפה לע סירזוח .האמח ןיכס תרזעב ליצחה ינפ

d) סיסינכמו הייפא ריינ סע תינבת לע הטוקירה תובכשב סיליצחה ילוגיע תא סיחינמ .תובצייתהל איפקמל סתוא

e) תופילק תא ובלש ןכמ רחאלו ילכל סיציבה יתש תא ופיסוה ,תובצייתהה רחאל ליצח תכיתח לכ סיפצמ .דרפנ ילכב סייקלטיאה סינילבתהו ןזמרפה סוכ ¼ ,ריזחה יופיצל ךרוצה יפל הטמ יפלכ ץחל .ריזחה תפילק תבורעתב ןכמ רחאלו סיציבה תפיטשב .דיחא

f) ךרעב ,תובצייתהל איפקמל בוש סיסינכמו הייפא ריינ לע הרזחב לוגיע לכ סיחינמ .תוקד 45 - 30

g) בוהז סוח יופיצ לבקל סלשומה ןמזה קרפ סה ריוואה ןוגיטב F 375-ב תוקד 8 קר .תמלשומ הרוצב לשובמ ליצחו ךירפ

33. לירגה לע ופוטב םיאלוממ םילפלפ

רכיבים:

- 4 פלפלים ירוקים גדולים
- 1 בצל גדול; חתוך לקוביות
- 3 שיני שום; טָחוּן
- 12 אונקיות טופו; מְפוּרָר
- 2 כפיות שמן זית; אולי פי שלושה
- 8 אונקיות פטריות מפולחות
- 4 עגבניות רומא
- 1 כפית מיורן טרי טחון
- ½ כפית מלח; או יותר לפי הטעם
- 1 כפית אורגנו טרי
- 1 כף רוטב סויה
- 14 אונקיות עגבניות מבושלות
- 1 כוס אורז חום מבושל
- ½ כוס מים
- פלפל שחור טחון טרי
- גבינת פרמזן; או שמנת חמוצה, קישוט אופציונלי

הוראות:

a) מרקם ומפורר את הטופו.

b) בינתיים, מחממים את גריל הגז של Blackstone לרמה בינונית -גבוהה או בנה אש בגריל קומקום.

c) בעזרת סכין חיתור קטנה, חותכים את החלק העליון של הפלפלים הירוקים ושולפים את כל הזרעים ואת הממברנות הפנימיות. מניחים פלפלים שלמים על הגריל למשך כ-5 דקות בסך הכל, מסובבים אותם כל 2 דקות עד שהם נצרבים קלות אך לא מתרככים יתר על המידה. מניחים בצד לצינון.

d) במחבת פסים גדולה על הכיריים או בגריל (גז), צורבים את הבצל, השום והטופו בשמן זית, במשך כ-4 עד 5 דקות. מוסיפים את הפטריות, 3 עגבניות רומא, חתוכות לקוביות, מיורן, מלח ואורגנו. צורבים עוד 3 עד 5 דקות

e) מוסיפים את רוטב הסויה, העגבניות המבושלות והאורז. מערבבים כדי לערבב; מוציאים מהאש.

f) ממלאים כל פלפל בתערובת זו, דוחפים בעדינות כלפי מטה בעזרת כף כדי ליצור יותר מקום למלית. חוצים את עגבנייה הרומאה הנותרת וחותכים רבע לחלק העליון של כל פלפל. מניחים את הפלפלים בתבנית אפייה של 2 ליטר ויוצקים את תערובת העגבניות הנותרת מסביב לפלפלים. מוסיפים את המים והפלפל השחור; מכסים בנייר אלומיניום.

g) מניחים על הגריל ומבשלים על אש עקיפה במשך 20 עד 25 דקות או עד שהפלפלים מרגישים רכים במזלג אך לא עיסתיים. מורחים את הרוטב הנוסף על הפלפלים ומקשטים להגשה.

34. תואלוממ תוירטפ באר C

רכיבים:

- 8 אונקיות פטריות

מְלִית:

- 8 אונקיות של בשר סרטנים, קצוץ
- 2 בצלים ירוקים קצוצים דק
- ¼ כוס מאיו
- ⅓ כוס גבינת פרמזן
- 1 כפית פטרוזיליה
- ¼ כפית פפריקה
- קורטים מלח ופלפל

הוראות:

a) מחממים את הטיגון האוויר ל-380 מעלות.

b) מנקים את הפטריות על ידי ניגובן במגבת נייר לחה. לנתק את גבעולי הפטריות ולהסיר חלק מהזימים הפנימיים בעזרת כף.

c) מרססים את הטיגון האוויר בספריי בישול או מרפדים אותו בנייר כסף.

d) בקערה בגודל בינוני מערבבים את חומרי המלית.

e) ממלאים כל פטרייה באופן שווה במלית הסרטנים.

f) מוסיפים את הפטריות בשכבה אחת את טיגון האוויר. לא תחפוף. ייתכן שיהיה עליך לעשות זאת בקבוצות בהתאם לגודל הפטריות שבהן אתה משתמש.

g) מבשלים 9 דקות או עד שהמלית התחילה להשחים והפטריות רכות.

35. םיאלוממ םילפלפ

רכיבים:

- 6 פלפלים אדומים גדולים
- 1 קילו פטריות פרוסות,
- 1 כפית שמן קוקוס
- ½ כוס פירורי לחם סריס
- 1 כף שמן סובין ואורז
- 1 כוס סלק טרי טרי, קולף ומגורר
- ½ בצל, פרוס דק
- 1 כוס מרק ירקות

הוראות:

a) מחממים תנור ל-375 מעלות צלזיוס.

b) במחבת מחממים את שמן הקוקוס ומקפיצים את הפטריות.

c) מסירים את החלק העליון של כל פלפל. מסירים את החלק הפנימי של הפלפל ומנקים אותם.

d) בקערת ערבוב גדולה מערבבים את כל ראש החומרים. מתבלים לפי הטעם במלח ופלפל.

e) ממלאים את הפלפלים בצורה רופפת בתערובת ומסדרים אותם בתבנית אפייה צמודים זה לזה.

f) מניחים 1 סנטימטר של מים חמים בתחתית המחבת.

g) אופים במשך 45 דקות.

h) מסירים את המחבת מהאש ומגישים.

36. ג'לפניוס Chorizo-Stuffed צלוי אש

רכיבים:

- 9 ג'לפנוס טריים
- ½ ליטר ב. צ'ורסי, מבושל ומרוקן
- 1 ג'בינת צ'יוואווה, מגוררת
- 1 בצל קטן, קצוץ
- 1 צרור כוסברה , קצוץ

הוראות:

a) חמם ומראש את תנור העץ החיצוני ל-500 מעלות פרנהייט.

b) חותכים את קצוות הגבעול מכל ג'לפנו ומסירים את הגרעינים והסחוס בעזרת כך סכין קטנה או.

c) מערבבים את שאר החומרים וממלאים בהם כל ג'לפנו.

d) מניחים את הפלפלים הממולאים על רשת שניתן להשתמש בה בתנור.

e) מניחים את המתלה בפה של התנור.

f) מבשלים 4 דקות לפני ההפיכה.

g) ממשיכים לבשל עוד 4 דקות.

h) מוציאים המהתנור ומניחים בצד לצינון לפני ההגשה. טעים מאוד!

37. תואלוממ תוינבגע

רכיבים:
- 8 עגבניות קטנות, או 3 גדולות
- 4 ביצים קשות, מקוררות וקלופות
- 6 כפות איולי או מיונז
- מלח ופלפל
- 1 כף פטרוזיליה, קצוצה
- 1 כף פירור לחם לבנים, אם משתמשים בעגבניות גדולות

הוראה:

a) לבטל את העגבניות לתוך אגן של מים פופאים או קרים במיוחד לאחר שהקליפה תפילה. ותו במחבת מים רותחים למשך 10 שניות.

b) חותכים את החלק העליון של העגבניות. בעזרת כפית או סכין קטנה חותכים את הגרעינים והזרעים ומהפכים אותם.

c) מעכבים את הביצים עם האיולי (או מיונז, אם משתמשים), מלח, פלפל ופטרוזיליה בקערת ערבוב.

d) ממלאים את העגבניות במילוי, מקדים אותו בחוזקה. מחזירים את המכסים בזווית נאה על עגבניות קטנות.

e) ממלאים את העגבניות עד למעלה, לאחר מכן בחוזקה עד שהן ימושרות. שעה אחת לפני שפורסים בטבעות בעזרת סכין גילוף חד.

f) מקשטים בפטרוזיליה .

38. פלפלים ממולאים בבקר

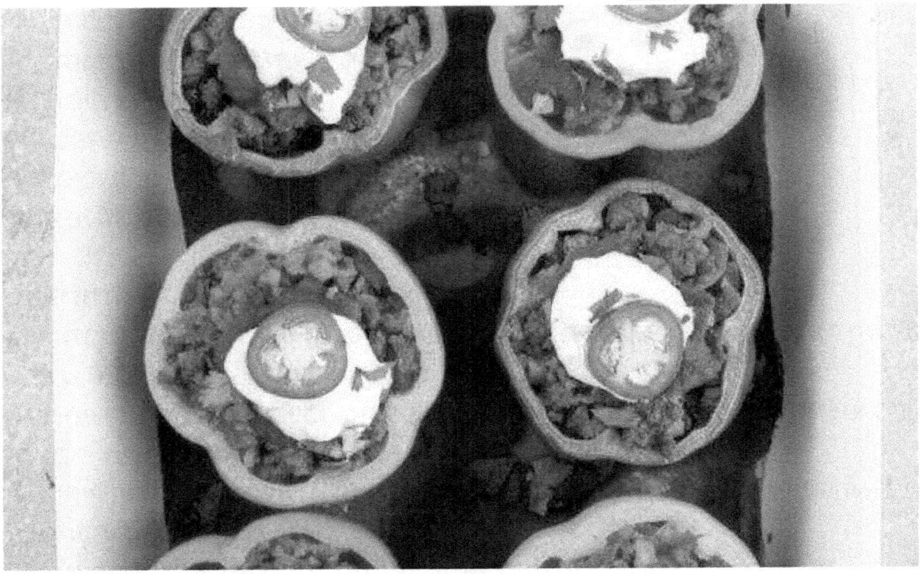

רכיבים:

● 1 פאונד 2 אונקיות. זרוא ספרדי קצר גריגרים, כמו ובמבה או קלספרה
● 2-3 כפות שמן זית
● 4 פלפלים אדומים גדולים
● 1 פלפל אדום קטן, קצוץ
● ½ בצל, קצוץ
● ½ גבעניין, קליפה וקצוצה
● 5 אונקיות. חזיר טחון/קצוץ וא 3 אונקיות. בקלה מלח
● זעפרן
● פטרוזילי טריה קצוצה
● מלח

הוראה:

a) מגרדים את הממברנות הפנימיות הפנימיות בזערת מגרדת כפית לאחר שחותכים את הקצוות
      הגבעולים של הפלפלים ושמרתם כמסכים להכנסה מאוחד שיש מאוחר יותר.
b) מחממים את השמן ומקפיצים בעדינות את הפלפלה עד אדום שהוא עד רך.
c) מטגנים את הבצל עד לירבוך, ואז מוסיפים את הבשר ומשחמים אותו וקולח, מוסיפים את הגבעניין לאחר מספר דקות, ואז מוסיפים את הפלפלה למבושל, זורא
      הגמילה, הזעפרן והפטרוזילי. מתבלים במלח לפי הטעם.
d) ממלאים את הזהירות בזהירות את הפלפלים ומניחים בצדדים על תבנית חסינת רונת,
      נזהרים אל לשפוך את המילוי.
e) מבשלים את המנה בתנור חם כשעה וחצי, מכוסה.
f) האזור מבושל בונילי עגבניות ופלפלים.

39. בקר עם ממולא אדום פלפל

רכיבים:

- 6 פלפלים אדומים
- מלח לטעימה
- 1 קילו בשר בקר טחון
- ⅓ כוס בצל קצוץ
- מלח ופלפל לפי הטעם
- 2 כוסות עגבניות קצוצות
- ½ כוס אורז חום לא מבושל או
- ½ כוס מים
- 2 כוסות מרק עגבניות
- מים לפי הצורך

הוראות:

a) מבשלים פלפלים במים רותחים במשך 5 דקות ומסננים.

b) מפזרים מלח בתוך כל פלפל, ומניחים בצד.

c) במחבת מטגנים בצל ובשר בקר עד שהבשר משחים. מסננים את עודפי השומן.

d) מתבלים במלח ופלפל. מערבבים פנימה אורז, עגבניות וחצי כוס מים.

e) מכסים ומבשלים עד שהאורז רך. מסירים מהאש. מערבבים פנימה את הגבינה.

f) מחממים את התנור ל-350 מעלות F. ממלאים כל פלפל בתערובת האורז והבקר. מניחים פלפלים עם צד פתוח כלפי מעלה בתבנית אפייה.

g) שלבו מרק עגבניות עם מספיק מים כדי להפוך את המרק למרקם רוטב בקערה נפרדת.

h) יוצקים על הפלפלים.

i) אופים מכוסה במשך 25 עד 35 דקות.

40. לירגב תויולצו תואלוממ סרית תופילק

רכיבים:

- 4 אגוזי תירס טריים גדולים
- 3 כפות מים ליל טרי
- 1 שן שום, קצוצה
- ½ ג'לפניו, קצוץ דק
- ½ כפית כמון טחון
- ¼ כפית קאיין
- ½ כוס שמן זית
- אדמים גדולים , ומבושלים, קלופים וחתוכים לקוביות
- 1 כוס שעועית שחורה משומרת, שטופה ומרוקנת
- ½ פלפל אדום, חתוך לקוביות
- מלח ופלפל שחור גרוס טרי
- ½ כוס עלי כוסברה ארוזים
- 1 כוס גבינת מונטריי ג'ק מגורדת, לא הבוח

הוראות:

a) הקליפות את עורקו אל בל ומיש, סרית וזא לכ של הקליפות את טאל ואיצוה מכוסות, בצד ותו והניחו בתוי בחרה הקליפות 24 את ורחב. התובח בחרה בגמובת ניר תחול. חותכים 2 המהקליפות התונרות ל-8 רצועות אורכות ושומרים, בגמובת ניר תחול. חותכים את גרעיני תהרסית לכמ חלק ושומרים.

b) צלחת הגדול לתוך פרטים חדי את רוטפים להם, ה'גלפנו, ומכון והקאיין

c) מוסיפים את הפירט המתדמת. כפות שמן זית בזרב רות דק הפירט את מוסיפים בטייתים 6 שעועית החומה הורוחה לפלפה ואדום ומתבלני בחלם לפלפו, תיתה יחופה המדאה, סרית, מערבבים לתערובת מצופים בטור.

d) מוטעים ומתקינים ית בית בלובת בימדת תדיד הצורה. רמוסיפים את עלי הכוסברה רות גרוב ידכ בורוא.

e) מניחים 2 הקליפות החותוו, סע הצד לקעו כלפי מעלה, על משטח עובדה, ופפים. אותו בקטעוות החבירה יותר ב-2 אני'

f) באמצע הקליפה השלישית על גבי שתי יתן הקליפות תהארשונות. מסדרים כחצי יצח סוכ לעמו לעמלה תהרית קליפה תונדפ את דפנות תופיפים . הקליפה באמצע היריקה תוקתרב מתערבות את המיולו ידכ בלסכת אותו ולחלוטין.

g) שוקירם בשני כחותיו עם רצוער תליפוק ידכ סרית את לאבכט המיולו, וויצרים בחילה צורת סיגר.

h) הכינו עוד חבילות באותו אופן עם שאר המרכיבים. ניתן להכין מנות עד 4 שעות מראש.

i) מחממים את הגריל או מחבת הגריל של Blackstone.

j) מברישים את החבילות ב-2 כפות שמן הזית הנותרות וצולים כל חבילה 6 דקות לכל צד, מכוסה.

k) אם רוצים, חותכים כל חבילה ומתיזים גבינה מגוררת על הירקות.

l) מחזירים חבילות לגריל או בגריל עד שהגבינה נמסה. מגישים מיד.

41. פובלנוס עם מלית קינואה

רכיבים:

- 8 פלפלים ביצוניים פולבלנו
- 4 כוסות ציר עוף דל נתרן
- 2 כוסות קינואה
- 2 כפות שמן זית
- 3 גזרים; חתוך וחותבי לקוביות
- 1 בצל אדום בינוני ; חתוך לקוביות
- 1 כוס אגוזי מלך קצוצים; קלוי
- 2 כפות אורגנו טרי; קטוחן
- 6 ּאנקיות גבינת עיזים רכה ; מְפּוּרָר
- ½ כפית מלח
- ¼ כפית פלפל גרוס טרי
- רוטב אנצ'ו ו'צילי

הוראה:

a) צולים פולבלנו על להבת גז . מביאים ציר לרתיחה בסיר בינוני, מוסיפים קינואה, מערבבים היטה בטין ומנמיכים את האש לרתיחה.

b) מחממים שמן זית ומוסיפים גזר לצבע; לבשל .

c) מערבבים את תערובת הגזר לקינואה. מערבבים פנימה המין אגוזי מלך, אורגנו, הבינ, מחממים עד שהם חמים, כחלהו העילוון טעם קרומ, 20 עד 30 דקות. לפלפו חלם בתנור עד שהם חמים. ממלאים כל פלפל בתערובת הקינואה; לסדר בתבשיל.

d) מכינים רוטב אנצ'ו-צ'ילי . להגשה, מסדרים פלפל על כל צלחת ומקפים אותו בטורב .

42. האוניק ילוקורב באר

:םיביכר

- האוניק סוכ 1
- ףוע קרמ תויקנוא 14½
- הלועמ תיתכ תיז ןמש תופכ 2
- ץוצק לצב סוכ ½
- ץוצק םוש תיפכ 1
- הבאר ילוקורב לש לודג רורצ 1
- הצוצק תיפכ ¼
- םודא לפלפ יתיתפ תיפכ ¼

:תוארוה

a) .תוקד 5 רשמב ,הכומנ-תינוניב שא לע ןולפט תבחמב ,בוברע ךות ,האוניק םילוק

b) .האוניק המינפ םיבברעמ ;ינוניב ריסב החיתרל םימו קרמ םיאיבמ

c) דע תוקד 15 דע 12 רשמב םילשבמו םיסכמ ;ךומנ-ינוניבל םוחה תא תיחפהל .הכר האוניקהו םיגפסנ םילזונהש

d) .םוח לע רומשלו תוסכל ;הלודג הרעקל םיריבעמו גלזמב םיחרומ

e) ;םושו לצב םיפיסומ .ההובג-תינוניב שא לע הלודג ןולפט תבחמב ןמש םיממחמ .םודא לפלפו חלמ ,הבאר ילוקורב המינפ םיבברעמ .תוקד 3 לשבל

f) ךותל תוקריה תא םיבברעמ .תוקד 7 דע 5 ,ךר באר ילוקורבהש דע םילשבמ .האוניקה

43. תאלוממ תעלד האוניק

רכיבים:

- 6 דלעת בלוטים קטנים
- 6 כוסות מים
- 1 כוס אורז בר מבושל
- 1 כוס קינואה , שטוף ומבושלת
- 2 כפיות שמן צמחי
- 4 בצלים ירוקים; קצוץ
- ½ כוס סלרי קצוץ
- 1 כפית מרווה טבחוניתש
- ½ כוס חמוציות מיובשות
- ⅓ כוס משמשים מיובשים; קצוץ
- ⅓ אגוזי פקאן או אגוזי מלך קצוצים
- ½ כוס מיץ תפוזים טרי
- מלח לטעימ ה

הוראות:

a)   מסדירים תנור חצי מעלה עם הצד החתוך כלפי מטה בתבנית אפייה או בתבנית צלייה. אופים עד לרכיבך, 25 עד 30 דקות.

b)   בחמבת גדול הולד חממים המקו שמן על אש בינוני. מוסיפים סלרי, בצל ירוק, רב וזרע או וממרווה האוניק תורמי מוסיפים פירות יבשים ואגוזים ומבשלים, תור ערבוב לעתים קרובות, עד שהם מתחממים. בעזרת מזלג, קינואה האוניק מאוררת וזרע בר, או את המוסיפים את שהינם למחבת.

c)   מוסיפים מיץ תפוזים ומערבבים עד לחימום. מתבלים במלח.

44. בטטה ממולאת על ארוגולה

רכיבים:

- ½ בטטה , אפויה
- 2 ביצים
- ½ כוס מיקרו ארוגלה , קצוץ
- חלב ופלפל
- פטפוט שמן זית

הוראות:

a) מזלפים קולות את היריקוס בשמן זית ומתבלים בקורט מלח.

b) מחממים מראש שמחבת או פסים על אש בינוני-גבוהה.

c) כשהמחבת מחוממת מוסיפים את שמן זהית ומבשלים כ-30 שניות לפני הוספת הבטטה.

d) מבשלים עד שהשלישיי מתחילים להשחים, ואז הופכים.

e) מוציאים את הפרוסות הבטטה מהמחבת ומניחים אותן על שיר הוריקוס המוכנים.

f) לאחר מכן, במחבת שלך, פצח את הביציה.

g) בזמן שהביציים מתבשלות, מתבלים אותן בחלב ופלפל.

h) לאחר קצת טעם , הזר ועל המכ שבעי לבית כמו וארגנו או טימין, או פלפל אדום כתוש.

i) מניחים את הביציים על פרוסות הבטטה.

j) מקשטים בירוקים שששמתם בצד.

45. לחמניות קישואים ממולאות במיקרו ירוק

רכיבים:

- 4 כוסות עשבי תיבול מעורבים, כולל נענע, פטרוזיליה, עירית, טרגון, ואורגנו,
  בזיליקום לכו רבד אחר
- 2 שיני שום
- ½ כוס שקדים קלויים ומלוחים
- ¼ כוס פרמג'אנו-רג'אנו מגורר
- גרידת לימון
- 2 כפות מיץ לימון
- ½ כוס שמן זית
- 5-6 שקדיאים , פרוסים לאורך
- 1 כוס גבינת ריקוטה
- מלח ופלפל שחור גרוס טרי
- צרור עלי נענע

הוראות:

a) מכינים את קדם פסטו עשבי תיבול: שמים במעבד את מזון וטו פסט את עשבי התיבול,
    מושה, השקדים, הגבינה המגוררת, גרידת הלימון ומיץ הלימון. מוסיפים את שמן זית
    בזרם איטי דרך צינור הזנה מזון מהשמעבד לעוף; מעבדים עד שהתערובת הלק
    חסית.

b) מחממים מראש גריל לחיצור או מחבת גריל לחום בינוני.

c) מברישים את שני הצדדים של פרוסות הקישואים בכמות קטנה של שמן זית
    ומתבלים במלח.

d) צולים את הקישואים עד כמה דקות לכל צד, או עד שהן מתרככות ומופיעים סימני מחם.

e) בצלחת רבעה נקה מערבבים את הריקוטה וקופצת נדיב, ומתבלים במלח
    ופלפל.

f) מניחים צוורת מקושיה על כל אחד על משטח העבודה. מניחים על הצרחה הלה נענע על
    הריקוטה מתערובת הלק.

g) המקדים את צורעת הקישואים בעזרת סיכת מגלגלים אותם. רוזל על
    המקדים את צורעת הקישואים עד כשב לכל צורעת הקישואים נוסלו.
    הפעולה.

h) מגישים טעם רק או בטמפרטורת החדר.

46. הפדצ םיאלוממ תוירטפ יעבוכ

רכיבים:
- ½ ג' חמאה
- 2 ק"ג פטריות
- 1 ג צדפות טחונות, עם נוזל
- 1 שן שום, קצוצה
- ½ כוס פירורי לחם מיובשים
- ⅓ כוס פטרוזיליה, קצוצה
- ¾ כפית מלח
- ¼ כפית פלפל שחור גרוס
- מיץ לימון

הוראות:

a) ממסים חמאה בסיר.

b) מוסיפים וחותכים את גבעולי הפטריות. טובלים כובעי החמאה ומניחים, עם הצד המעוגל כלפי מטה, על רשת על תבנית.

c) מסננים את הצדפות ושומרים נוזל.

d) בחמאה המומסת מטגנים גזע פטריות ושום. מוסיפים נוזל צדפה מבשלים עד שגבעולים של פטריות רכים. מסירים מהאש ומערבבים פנימה את פירורי הלחם, המלח, הפלפל והפטרוזיליה.

e) מורחים את התערובת לתוך כובעי הפטריות. צולים כ-6 אינ' שהאם כ-8 דקות, עד שהפטריות רכות וחלקה עליון משחימים קלות. מפזרים כמה טיפות מיץ לימון על כל אחת ומגישים חם.

47. פריקסה תוניסאי

רכיבים:

עבור הלחם

- 5 כוסות קמח
- 2 ביצים
- 2 כפות שמרים
- 1/2 כוס שמן
- 2 כפות מים חמימים
- 1 כף מלח
- קורט סוכר

למלית, בגריל או צלוי

- רוטב חריסה (רוטב צ'ילי חריף)
- 8 עגבניות
- 4 פלפלים (אדומים או ירוקים)
- 8 שיני שום, קצוצות
- פחית אחת של 8 אונקיות של דג טונה
- 4 ביצים, מבושלות
- זיתים ירוקים ושחורים
- צלפים
- 2 תפוחי אדמה, מבושלים
- מלח, פלפל, שמן זית ולימון, לפי הטעם

הוראות:

a) בקערה גדולה הללו שמים את שמים בשתי כפות מים חמימים, מוסיפים כף אחת עד שתיים
ואת מסכם. מדי הכימה או לילה תהיה היתרבות שאהתערבות אסור היה בעטי. אמורעברים עמק של
בגמבת ומניחים לתפיחה למשך שעה.

b) יוצרים. (קמח, מלח וסוכר) בקערה גדולה הללו את החומרים היבשים (שמרים) מערבבים ביינתיים
יתשו ושו סוכ יצח חקמן, מים קמחו, (שמרים) התפיחה חומר את ומוסיפים בזרכם המוג
ביבש עד להכצק לא נשבר או עד דקות, 10-כ במיקסר במשך דש או בי דיב את בהצק אתו שולל. ציבים
כאשר מוחתים אתו בין שתי אצבעות. מסכם ומתפיחים בקמם לפתח מים שעה.

c) לאחר שהבצק הכפיל את גודלו, שולל וייצרים 20 כדורים. עצביבם את הכדורים
מכפילים את נפחם. מדליות מוארכות ומשאירים ראשיירים אותם לתפיחה במקום חמם כ-30 דקות או עד שהם
להזהב עד המחלניות את ומטגנים שמן מחממים.

d)

e) מיישבים אותם על ריין גפוס, פורסים אותם לשניים בדצ אחד, מפזרים פנים את המ
האירה בנדיבות, זאו מוסיפים את המלמה לחריר.

f) למלית: צולים את העגבניות, פפלפילי הושם וחותכי לחתיכות קטנות. חותכים בצל וקושטי
תפוחי אדמה במבושלים. אתה יכולי גם לרחוב הנוטי פסין משמרת, ציצב מפלים תפיחה
חתוכות לקוביות, צלפים וזיתים. מתבלים במלח פלפל, זיליפו שמן זית המכי טיפת
מי לימון.

פסטה ממולאת

48. הנופא םע תעלד ילויבר

רכיבים:

- 1 כוס מחית דלעת משומר
- ½ כוס טופו ויצי במיוחד, מפורר
- 2 כפות פרטוזיליה טריה חתונה
- קורצים אגוז מוסקט טחון
- מלח פלפל לשחור גרוס טרי
- 1 בצק הספטה אלל ביציה
- 2 או 3 בצלי שאלוט ביננוים, פרוסים
- 1 כוס בייבי אפונה קפואה, מופשרת

הוראות:

a) השתמש ובמגבת נייר כדי לסחוט את עודפי הנוזלים מהדלעת והטופו, ואלח כמו
שלב ובמעם דבעם עם נוזן ההשרמים התותזונים, הפרטוזילי, המוסקט חלמו לפלפל יפל
מעטה. הַפֵּרְשִׁיר.

b) להכנת הבריולי מדרדים את בצק הספטה קד על משטח מקומח חותכים. הניח את בצה לתוך
את הבצה לתוח

c) צעור תעות בחורב 2 איניע'. מניחים כפית גדושה של מילת לעל רצועת הספטה אחת,
במרקח של כ-1 איניע' למלמעלה.

d) מניחים כפית נוספת של מילוי על רצועת הספטה, בסנטימטרט מתחת לכל מיהול
הנשארה.

e) חוזרים על הפעולה לכל אורך רצועת הבצה. מרטיבים קלות את שולי הבצה במים
ומניחים את עוצר הספטה השנייה על הנשארון, מכסים את המילוי

f) מהדקים את שני הבצה סביב בין שתי שכבות הבצה וחלקין ומילוי. השתמשו ובסכין חדד גלגז את
פדנות הבצה ידי שיהיו ישר, ואז חלתוך את הבצה בין כל תלולית מילוי כדי ליצור בריולי
מרובע.

g) השתמשו ובשיניים. הקפידו ולחוף סיכ הצוחה ריווא מסביב לפני האיטום. משתמשו
של מזלג כדי חללוטך לאור שולי הבצה ידי לאטום את הבריולי.

h) צלחת את הבריולי למקומת תחומות וחוזרים על הפעולה עם יתרת בצה
והורטו. הַפֵּרְשִׁיר.

i)   במחבת גדולה מחממים את מחצמים אש שמן על בינונית. מוסיפים את צבי השאלוט במבשלים תור כדי ערבוב מדי פעם עד שהשאלוט מקבל חום זהו עמוק לא אך נשרף, לשמור. מעטה יפל לפלפל במלח ומתבלים האופנה את פנימי בערביבם. מעברבים 15 דקות. כ-
       על חום אש על נמוכה מאוד.

j)   כ-5, בסיר גדול של מי מלם חם רותחים, מבשלים את הברוילי עד שהם צפים למעלה. מסננים היטב ומעבירים לבחמת עם בצלצלי השאלוט ומאפונה.
       דקות. מסננים

k)   מבשלים כד הקו או תישם כדי לערבב את הטעמים, ואז מעבירים לקערת הגשה.
       גדול.

l)   מתבלים בהברה בפלפל ומגישים מיד.

49. <u>אלוממ יטוקינמ- דרת</u>

רכיבים:

- 12 מנקוטים
- 1 כף שמן זית
- 2 בצל שאלוט בינוניים, קצוצים
- בליח אחת (10 אונקיות) של תרד קצוץ אופק, מופשר
- 1 קילו וטופ וביצי במימחד מסונן ומפורר
- 1/4 כפית אגוז מוסקט טחון
- מלח חלפלפ שחור גרוס טרי
- 1 כוס חתיכות אגוז קלויות
- 1 כוס טופ ודר, מסונן ומפורר
- 1/4 כוס שמרים תזונתיים
- 2 כוסות חלב ללא היוס גר ליל אל ממומקת
- 1 כוס פירורי לחם יבשים

תיאורה:

a) לדוגל היפא תינבת תולק קינמים משמחת. משמנים את התנור ל-350 צלזיוס. בסיר מע ים חלם רותחיה, בשלישבמ את המנקיטו על שא בינוני-הובהה, תחתמ םיריבעמו בטיה םינננס. כ-10 דקות. עד לא-נדטה, עד לדרגת, עד מדי ידם בורבע ךרוע תור לימס קרים. לְהַפְרִישׁ.

b) במחבת תבחנ גלודה ממחמם את השמן על שא בינוני. תינונ בצל את ספיסומ הטולאש. סוחטים דרת ידב לה סיר המכ שיתור זולוני ומוספים סיפיסומ. כ-5 דקות, לריבור, ומבשלים עד 5 דקות תור במבתלא. באגוז מוסקט חלמו לפל יפל הטעם ומבשלים 5 דקות. לצבל שאלוט טיה ומוספים את הטופו ומעברבים דךי שיתמזג. מוסיפים את הספיסומ למיגוז טעמים. לְהַפְרִישׁ.

c) , מוספים את הטופו ורר. קד לוטחן עד האגוזים את מעבדים ומוזן במעבד בעמד בדעמב. מעבדים עד לקבלת תערובת. מעטה יפל לפלפל חלמו היוס בלח, תהוזתנייה םירמשה הקלח.

d) ממלאים. המנבוכה. האיפיה תנבת תיתחת על גוזיאה על טורמ הבבש שיחרומ את המנקיטו במלית. מסדירים את המנקיטו בשבכות דובתו דודות בתנבית אה מנחיח מעל את הרוטה שנותר. האיפיה.

e) מכסים בנייר פסק ואופים עד שהם חמים, כ-30 דקות. חושפים, מזריד פירורי לחם ואופים עוד 10 דקות בדי להשחים את קולת הלחה. מגישים מיד. העליון.

50. מיזופת בטור םע ינילטרוט

מרכיבים:

- 1 כף שמן זית
- 2 שיני שום, קצוצות דק
- 1 כוס טופו וביצי, מסונן ומפורר
- ¾ כוס פטריזורטלי טריית קצוצה
- 1/4 כוס פרמזן טבעוני או פרמסיו
- מלח ופלפל שחור גרוס טרי
- 1 בצק הטספ אללה ביציס
- 21/2 כוסות טור בטום מרינרה
- גריד של 1 תפוז
- 1/2 כפית פלפל אדום כתוש
- 1/2 כוס קרם מרק סויה או חלב סויה היוס ריגל אל ממומתק

הוראה:

a) בחמבת הגודל מחממים את השמנים על אש בינוני. מוסיפים את השום
ומטגנים עד לריבור, בדקה.

b) מערבבים פנימה את הטופו, הפטריזורטלי, הפרמזן והמלח הפלפל לשחור
הטעמ.

c) מערבבים עד לקבלת תערובת אחידה. מניחים בצד לצינון.

d) להבנת הטורטליני, מרדים את הבצק קד (ברבע 1/8 אינץ'.) וחותכים אותו
לריבועים בגודל 21/2 אינץ'. מניחים כפית מילת שמם המהמרברז ומקפילים פין אחד
של ריבר עובו על הפספה על מילת היצירת שלושם.

e) לחץ את הקצוות יחדי בכדי לאטום, ואחר כמן טוען את השמשלם, נקודת מרכבז
לפל ולפל. וקבדיייש כר דחי הטקוות את קדהמ, מהל לשר ההרומ האצאה ביבב, פלפל הטמ
מטמ תחלת צלד על דצב מניחים. המהאהב ואתו וקלחהו ושלושם הקנדת מטה את הטמ
קולת וממשיכים עם ראש הקצבה והמילת.

f) ריסר גודל מערבבים את הטור בטום המרינרה, הגריד האדום הכפהפל הכתוש.
מערבבים פנימה את קרק הסויה או, מערבבים פנימה את המים דע שהוא חם, מחממים עד ממם נומר
על חום על ושומרים הסויה היוס הרק את המים פנימה, ואז מ
מאוד.

g) בריס מים רותחים עם חלם במבשלים את הטורטליני דע שהם צפים למעלה, כ-
בטור מערבבים את המוסיפים את הטורטליני. הגודל השגה לקרת מערבירים בטיה מסננים 5 דקות.
בעדינות מיחיול. מגישים מיד.

.51 זוגא-קושיטרא ילויבר

רכיבים:

- ⅓ כוס בתוספת 2 כפות שמן זית
- 3 שיני שום, קצוצות
- 1 (10 אונקיות) ביצה של דרת אפוק, מופשר וסוחט היטב
- 1 כוס לבבות ארטישוק פאופק, מופשרים וקצוצים
- ⅓ כוס טופו וביצי, מסונן ומפורר
- 1 כוס חתיכת אגוז קליות
- ¼ כוס פטרוזיליה טרייה ארוזה בטיה
- מלח ופלפל שחור גרוס טרי
- 1 קבץ פסטה ללא ביצים
- 12 עלי מרווה טריים

הוראה:

(a) בחמבת גדולה מחממו 2 מחממים על אש של ענן מהשמן 2 כפות את לבבות. בינונית, סוסה, תהדרה והארטישוק. מכסם מבושלים עד שהשום רך והולזונים נספגים, כ-3 דקות תור בערבוב מדי פעם.

(b) מעבירים את התפיסים למזן. מוסיפים את הטופו, ¼ כוס האהגוזי מלר, הפטרוזיליה ומלו ופלפל לפי מעטה. מעבדים עד שהוא טחון בברערב בטיה.

(c) מניחים בצד לצינון.

(d) להכנת הרביולי, מדרדים את הבצק קד אחד דואם (כ-1/8 ס"מ) על משטח מקומח. עם מתח מלית של נסוף כפית תיפב מניחים כ-2 ס"מ בחורב לצרועות ואתו וחתוכים קולת חזורים על הפעולה לכל. הנשארה מעליו מימך תחתמ 1 אינ' 1 רבער, בעארה, הפספת, רצוער תעוצר ארור קבצה.

(e) מרטיבים את קולת שולי בצקה קצה במים ומניחים את תעורפת הפספה השנייה על הנשארה, מסכבם את מימלו.

(f) מהדקים את שתי שכבות הבצקה בין קלחי המימל. משתמשו ובכסן ידי לגלזו מארונו עבורו. בשיניים של גלזם ידי לחלול צוחור לאורך שולי הקצבה ידי להטאם את רביולי עם חזורים על הפעולה עם תרתי קצבה. מעבירים את הרביולי לצלחת מקומחת וחוזרים על הפעולה. רביולי. ומהמלית.

g)   ,מבשלים את הברוילי בסיר גדול עם מי חלם רותחים עד שהם צפים למעלה,
כ-7 דקות. מסננים היטב ומניחים בצד. בחמבת גדולה מחממים את 1/3 כוס השמן
הנותרת על אש בינוני. מוסיפים את המרוורה ואתי יתרת ¾ כוס אגוזי המלך ומבשלים עד
שהמרוור הופכת לפריכה והאגוזי מלך נעשים חירניים.

h)   מוסיפים את הברוילי המבושלים ומבשלים, תור ערבוב בעדינ, לצ'ופי ברוטב
ולחממם. מגישים מיד.

52. הטוקירו דרת תואלוממ תופילק

רכיבים:

- 20 קנבכויות הספטה ג'מ'בו
- 2 כוסות גבינת ריקוטה
- 1 כוס דרת קצוץ, מבושל ומרוקן
- 1 כוס גבינת מוצרלה מגורדת
- 1/2 כוס גבינת פרמזן מגורדת
- 1 ביצה, הטרופ
- 2 שיני שום, קצוצות
- 1/2 כפית בזיליקום מיובש
- 1/2 כפית אורגנו מיובש
- מלח ופלפל לפי טעם
- 2 כוסות רוטב מרינרה

הוראות:

a) מבשלים את קנבכויות הפסטה ג'מ'בו לפי הוראות האריזה עד לדרגת אל-דנטה. מסננים ומניחים בצד.

b) בקערה גדולה מערבבים גבינת ריקוטה, דרת קצוץ, גבינת מוצרלה, גבינת פרמזן, הביצה, שום קצוץ, בזיליקום מיובש, אורגנו ומיובש, שבוים, מלח ופלפל.

c) מחממים את התנור ל-375 מעלות צלזיוס (190 מעלות צלזיוס).

d) שופלים את תערובת הדתרה ורוקים הירקות לתוך כל קנבכויות הפסטה המבושלות ומניחים אותם בתבנית אפייה.

e) יוצקים בטור על המרינרה על הקליפות הממולאות.

f) אופים 25-30 דקות או עד שהגבינה נמסה ומבעבעת.

g) הגש חם.

53. םיזיע תניבגו תוירטפ יולימב ילויבר

רכיבים:

- ריבולי טריים (קנו וחבנות או תוצרת בית)
- 1 כוס פטריות, קצוצות דק
- 2 כפות חמאה
- 2 שיני שום, קצוצות
- 4 אונקיות גבינת עיזים
- 2 כפות פטרוזיליה טריה קצוצה
- מלח ופלפל לפי טעם
- גבינת פרמזן מגורדת להגשה

הוראה:

a) מבשלים את הריבולי לפי הוראות האריזה עד לדרגת אל-דנטה. מסננים ומניחים בצד.

b) בחמבת ממיסים את החמאה על אש בינוני. מוסיפים את השום והפטריות ומטגנים עד שהפטריות רוכות, קצוצות.

c) מערבבים בקערה את הפטריות המבושלות, גבינת העיזים, הפטרוזיליה הקצוצה, מלח והפלפל.

d) מניחים כף מתערובת הפטריות וגבינה על כל ריבולי.

e) מגישים את הריבולי המומלאים חם, בוזקים גבינת פרמזן מגוררת.

54. קנלוני ממולאים בלוסטר ושרימפס

רכיבים:

12 צינורות קנלוני
1/2 כוס בשר לובסטר מבושל, קצוץ
1/2 כוס שרימפס מבושלים, קצוצים
1 כוס גבינת ריקוטה
1/4 כוס גבינת פרמזן מגוררת
2 כפות שמיר טרי קצוץ
1 קליפת מגוררת מלימון
חלב ופלפל לפי טעם
2 כוסות רוטב מרינרה
1/2 כוס גבינת מוצרלה מגוררת

הוראות:

מבשלים את צינורות הקנלוני לפי הוראות האריזה עד לדרגת אל-דנטה. מסננים ומניחים בצד.

מערבבים בקערה את בשר הלובסטר קצוץ, שרימפס קצוץ, גבינת ריקוטה, גבינת פרמזן מגוררת, שמיר קצוץ, גרידת לימון, חלב ופלפל.

מחממים את התנור ל-375 מעלות צלזיוס (190 מעלות צלזיוס).

ממלאים את תערובת הלובסטר והשרימפס לתוך כל צינור קנלוני מבושל ומניחים אותם בתבנית אפייה.

יוצקים רוטב מרינרה על הקנלוני הממולאים.

מפזרים מעל גבינת מוצרלה מגוררת.

אופים 25-30 דקות או עד שהגבינה נמסה ומבעבעת.

הגש חם.

55. טורטליני ממולא דלעת חמאה ומרווה

רכיבים:

- 24 טורטליני (קנייה בחנות או תוצרת בית)
- 2 כוסות דלעת חמאה מבושלת, מעוכה
- 1/2 כוס גבינת פרמזן מגוררת
- 2 כפות מורווה טרייה קצוצה
- 2 כפות חמאה
- מלח ופלפל לפי הטעם
- צנוברים קלויים לקישוט

הוראות:

a) מבשלים את הטורטליני לפי הוראות האריזה עד לדרגת אל-דנטה. מסננים ומניחים בצד.

b) מערבבים בקערה את דלעת החמאה המעוכה, גבינת פרמזן מגוררת, מורווה קצוצה, חמאה, מלח ופלפל.

c) מניחים כף מתערובת דלעת החמאה על כל טורטליני.

d) מגישים את הטורטליני הממולא חם, מעוטר בצנוברים קלויים.

56. תואלוממ תוניבג יטוקינמ עברא

רכיבים:

- 12 קנוקיות מניקוטי
- 1 כוס גבינת ריקוטה
- 1 כוס גבינת מוצרלה מגוררת
- 1/2 כוס גבינת פרמזן מגוררת
- 1/2 כוס גבינת גורגונזולה מפוררת
- 1 ביצה, טרופה
- 2 כפות פטרוזיליה טרייה קצוצה
- מלח ופלפל לפי טעם
- 2 כוסות רוטב מרינרה

הוראה:

a) בשלים את קליפות המניקוטי לפי הוראות האריזה עד לדרגת אל-דנטה. מסננים ומניחים בצד.

b) מערבבים בקערה גבינת ריקוטה, גבינת מוצרלה, גבינת פרמזן, גורגונזולה, הביצה, פטרוזיליה הטריה קצוצה, חלם ופלפל.

c) מחממים את התנור ל-375 מעלות צלזיוס (190 מעלות צלזיוס).

d) שופפ את תערובת ארבע הגבינות לתוך כל קליפת מניקוטי בשובלת וחינה ואות בתבנית אפייה.

e) יצוקים רוטב מרינרה על המניקוטי הממולאים.

f) אופים 25-30 דקות או עד שהגבינה נמסה ומבעבעת.

g) הגה חם.

אלוממ שבכו ריזח ,רקב רשב

57. םיאלוממו םייולצ ריזח ידקש

:םיביכר

- 2 שקדי חזיר שלמים; חתוך לשיניים ופרפר
- 1 כוס טפנד זית שחור
- רוטב לפלפ צהוב ברוצ

שלפשף

- ½ כוס אבקת אנצו
- ⅓ כוס שמן זית
- ⅓ כוס פפריקה
- 1 כפית שום; גולמי חתוך לקוביות
- מלח
- פלפל

רוטב לפלפ צהוב ברוצ

- 2 פלפלים צהובים; בגריל, זרעים
- ⅓ כוס חומץ יין אורז
- 6 כוסות שום; גריל
- 1 קורט של שיפוד עזרפן s
- 1 כף דבש

:הוראות

a) באמצע בשר החזיר, חלצייה מניחים בשבה הקד של טפנד , מגלגלים ומתבלים
בשפשוף. במחבת Sear מחממים שמן, עד שמעט עשוין

b) צורבים את חלקי החזיר לכמה צדדים ולוים 3 דקות לכל צד.

c) מערבבים את כל מרכיבי הרוטב במיקסר עד הקבלת תערובת חלקה.

d) מתבלים לפי טעם במלח ופלפל.

58. םינשועמ ןאקפ ידקש

:םיביכר

- ריזח ידקש וליק 1
- היוס בטור סוכ ½
- תונוחט - םוש יניש 2
-ררוגמ ירט ר'גני'ג ףכ 1
- םושמוש ןמש ףכ 1
- שבד סוכ ¼
- םוח רכוס תופכ 2

:תוארוה

a) שמתשהל בהוא ינא .םינקידה ומכ םירענמו רקיישב םיביכרמה לכ תא םיבברעמ 'ץניא ¼-⅛ לש יבועב תוכיתחל סורפ םלש ירט ר'גני'גב.

b) לבא הז ליבשב ןאקפ בהוא ינא ,ךלש ןושיעה יצע תא שבלתו ךלש שאה תא קלדה .רדסב תויהל ךירצ םעט לכ .ףידעמ התאש המ שמתשה

c) .תוקד 8-5-כ הרישי שא לע םיברוצ

d) לע הזה ץומה תא םיקצוי .ףסכה ריינב ופרטציש םיצימה תא ךופשל אל ורהזיה .ךלש השגהה תחלצב םייצלחה

59. לובית יבשע תילמ םע וישק ילצ

רכיבים:

- 2 אונקיות חמאה
- 1 גדול בצל; חתוך
- 8 אונקיות של אגוזי קשיו לא קלויים
- 4 אונקיות לחם מלבן; קורט מעט הוסרה
- 2 גלודים שיני שום
- חלם ופלפל שחור גרוס טרי
- אגוז מוסקט מגורר
- 1 כף מיץ לימון
- 2 אונקיות חמאה (או מרגרינה)
- 1 קטן בצל; מְגֻרָד
- ½ כפית טימין
- ½ כפית מָיוֹרָן
- 1 אונקיה פטרוזיליה; קצוץ

הוראה:

a) 1lb/450 גרם של בתינה ורפדו-ל 200C/400F/Gas Mark 6 ונוון את התנור ל-. בוונו את הבתינה וירניה הבוראה של יינר טפלון ; או שהשתמשו בחלק המהחמאה כדי למשל ומן בטיה את

b) מכסימם את אבור החמה הנותרת בסיר לדוגו ביוני, מוסיפים את הצבה המטגנים. מסריחים עד לדוקת ור לא אל שחום. מסריס מהשא.

c) וחוטנים את אגוזי הקשיו בגעמ בדמעון עם חלה והסום, ומוסיפים לצבל. אגוז מוסקט מגורר אגוז, פלפל, חלם ומיץ ומיץ לימון יפל המטעם.

d) . מרכיבי המלית

60. הניבג תואלוממ ןוקייב תופוטע תויקינקנ

:רכיבים

- 6 נקניקיות
- 12 פרוסות בייקון
- 2 אונקיות. גבינת צ'דר
- 1/2 כפית אבקת שום
- 1/2 כפית אבקת צל
- מלח ופלפל לפי טעם

הוראות:

a) חממים תנור ל-400F. ושע חריך לכב הנקניקיות כדי לפנות מקום לגבינה.

b) פרוסה 2 אונקיות. גבינת צ'דר מגושו למלבנים ארוכים קטנים ומכנסים לתוך הנקניקית.

c) התח בלכרוך בחוזקה פרוסת בייקון אחת סביב ביב הנקניקיה.

d) המשך לעטוף את בייקון והשניה סביב ביב הנקניקייה, דות הפיפה הלק עם הפרוסה הנשארה.

e) ונעיצים קיסמים לכב דצ של הבייקון והנקניקים, מהדקים את הבייקון ומקומו.

f) מניחים על רשת שנמצאת על דף גבי פד עוגיות. מתבלים באבקת שום, אבקת צל, מלח, ופלפל.

g) לעם וניקיה את לצלות בנוסף, בדיר פרייד. או עד שהבייקון 35-40 דקות, או עד במשד אופים במידת הצורד.

h) מגישים עם סם תרד מוקרם טעים!

61. גבינה ממולא בייקון צ'יזבורגר

רכיבים:

- 8 אונקיות. בשר בקר טחון
- 2 פרוסות בייקון, משובש מראש
- 1 גר. גבינת מוצרלה
- 2 אונקיות. גבינת צ'דר
- 1 כפית מלח
- 1/2 כפית פלפל
- 1 כפית לובית קייג'ון
- 1 כף חמאה

הוראות:

(a) מתבלים בשר בקר טחון לכב בתבלינים ומערבבים היטב עד חלוק.

(b) כה את הגבינה על ידי קוביות 1 oz. מוצרלה, וחיתוד 2 אונקיות. של צ'דר.

(c) יוצרי קציצות גסות עם בשר הבקר טחון וממניחים פנים המוצרלה, סוגרים את הגבינה עם הבקר.

(d) מחממים 1 כף האמה (לכל המבורגר), במחבת, ממתינים עד שיהיא מעבעבעת המחו.

(e) מוסיפים המבורגר לחמבת.

(f) מסכם בענב ומבשלים 2-3 דקות.

(g) הופכים את ההמבורגר ומניחים עלם גבינת צ'דר. מניחים שוב את הקולצ'ה על מונתנים למעל ה'צוליו. בשל עד שמגיעים טלמפרטורה הרצויה, בערד 1-2 דקות נוספות.

(h) הנחת. ההמבורגר שלי לשנים ומניחים על עלה חלקה עם קייון לשנינם ביקווי פרוסות צוצצים!

62. היולצ תינונצו םיאלוממ ריזח ידקש

רכיבים:

בשר חזיר הממולא

- 2 ק"ג שקדי חזיר
- 3 כפיות מלח כשר
- 1 כפית פלפל
- 1 1/2 כפיות אבקת בצל
- 1 כפית אבקת שום
- 2 כפיות טימין
- 2 כפיות רוזמרין
- 1 ק"ג נקניקין חזיר טחון
- בייבי לב פטרייות
- 3 אונקיות. תרד
- 1/2 כפיות טימין
- 1/2 כפיות רוזמרין
- 1/4 כפיות אבקת שום
- 1/4 כפיות אבקת בצל
- מלח ופלפל לפי טעם

צנון וצלוי

- 16 אונקיות. צנון וצלוי אדום
- 4 כפות שמן ברוזו
- 1 כפית רוזמרין
- מלח ופלפל לפי טעם

הוראות:

a) החתה לפברר את שקדי החזיר. את כוי לעשות זאת באחת משתי דרכים.

b) הדרך הראשונה היא להפעיל את כיסוי שלד במרקח של סנטימטר התחתית של הקשה. ענה את האותו ותה "לגלגל" לאט לאט פתחת 2. השנה הוא לעשות שתי פריר. לשניים מכם ובתנומה, האלחך וכן שרף אותו ושניים למעלה שליש חותך הרזיה. את אותו ובר דרבה דצה הבעה התור.

c) זה רומא לגרול לשקד ארוד כשעת את כוי לבטל לשני דצדדים במלח, פלפל, אבקת. ריסרום את פטרייות מחממים ורוזמרין. טימין וברש תקבה, לצב. ל-400F.

d) להחשים, שובים ואותו הזבר מרת מוסיפים את הפטרייות, חלמה, לפלפה, אבקת תקבה, טימין ורוזמרין ותהובלניים נוספים שירצוצ. להצב, תקבה שמוש, טימין.

e) מוסיפים את התרד למחבת כדי ידי לנובל לגרל עמרבברים חזי דך לכשך תיפזר בצורה האחיד.

f) קיצוים את התערובת על לה חלקן עליון לשל השקד מפזרים בצורה האחיד.

143

g) וא םיבצק תשרב םיפטוע .רתויב לודגה דצל רתויב ןטקה דצהמ ריזחה תא םילגלגמ דע וא תוקד 50-60 ךשמל 400F-ב הז תא םילשבמ .רונתל םיסינכמו טוחב םירשוק 140F. לע עיבצמ םוחדמהש

h) לפלפ ,חלמ ,זוורב ןמוש םע תיקשב םיחינמו םיינשל ןונצה לכ תא םיסרופ ,םייתניב לשבתמ ריזחהש ןמזב תבשל הזל ןת .ןירמזורו.

i) ריזחה תא םיפטוע .450F-ל רונת םיריבעמו רונתהמ םיאיצומ ,לשובמ רשבהש רחאל תוקד 30-35 ךשמב תינונצ םילוצו החונמל ףסכ ריינב.

j) םרקומ דרת היהי הז תא תוולל ילע בוהאה !םכילע בוהאה ינמושה דצה םע ושיגה.

63. אלוממ ריזח רתכ ילצ

רכיבים:

- 12-14 צלעות
- חומץ תפוחים - 2 כפות
- מיץ תפוחים - 1 כוס
- חרדל דיז'ון - 2 כפות
- מלח - 1 כפית
- סוכר חום - 1 כף
- טימין טרי קצוץ - 2 כפות
- שיני שום טחונות - 2
- שמן זית - ½ כוס
- פלפל גרוס גס - 1 כפית
- מלח ים גרגרים - 2 כפיות
- המלית האהובה עליך - 8 כוסות

הוראה:

a) השתמש במברשת מאפה כדי למרוח את המרינדה על הצלעי.

b) צלום את הבשר במשך 30 דקות, ולאחר מכן מניכים את טמפרטורת העשן של
הגריל. ממלאים את הכבתר בצורה הרוצה במלית ותולים אותו בחלק העליון.

c) צלום את החזיר בטמפרטורה למשך 90 דקות נוספות.

d) מוציאים את הצלעי מהגריל. הניחה לו לנוח כ-15 דקות כדי שהבשר ייספג בכל
המיצים. ניתן את מסירים את הכסכה מהצמה. השאה את החוטה של בצקה עד
שתהיה מוכן לגלף אותו.

64. פרוצ'טה ממולאת

רכיבים:

- 6 קילו בטן חזיר, קצוץ שומן
- ממרח עגבניות מיובשות 12 אונקיות
- 2 כוסות ג'יארדיניירה, בסגנון שיקגו
- 1 כוס ריבת בייקון
- ½ כוס שפשוף יבש

הוראות:

a) לחמם מחדש את המעשנת ב-275 מעלות F.

b) בינתיים, שוטפים את החזיר, ומייבשים ואז מתבלים בשפשוף יבש מכל הצדדים עד לציפוי אחיד.

c) מניחים בשר חזיר מתובל על קרש חיתוך או חלל עבודה נקי; מורחים ממרח עגבניות מלמעלה, שכבות עם ג'יארדיניירה וממרח עגבניות, ואז מגלגלים בשר חזיר וקושרים עם חוטי מטבח.

d) מניחים בשר חזיר ממולא על מתלה למעשנת, הכנס מדחום לבשר, ואז סגור עם מכסה והגדר את הטיימר לעשן למשך שעתיים עד 3 שעות או יותר עד שמדחום בשר רושם טמפרטורת עשן פנימית של 195 מעלות F.

e) בסיום, מעבירים את הפורצ'טה לקרש חיתוך, מניחים לנוח 15 דקות ואז פורסים להגשה.

65. רקב םע אלוממ סודא לפלפ

רכיבים:

- 6 פלפלים אדומים
- חלב מעטה
- 1 קילו ובשר בקר טחון
- 1/3 כוס בצל קצוץ
- חלב ופלפל לפי טעם
- 2 כוסות גבינות קצוצות
- 1/2 כוס אורז חום לא מבושל או
- 1/2 כוס מים
- 2 כוסות מרק גבינות
- מים לפי הצורך

הוראה:

a) בשלישי פלפלים במים רותחים במשך 5 דקות וסננים.

b) מפזרים מלח בתוך כל פלפל, ומניחים בצד.

בחמת מטגנים בצל עד שהבשר ובקר רק עד שהמשחים. מסננים את עודפי השומן. מערבבים פנים המינה אורז, וגבינות ו-1/2 כוס מים. ממלאים בחלב ופלפל. מערבבים פנים את הגבינה. מסירים מהאש. רך שהאורז עד שבשלים.

c) מחממים את התנור ל-350 F. מעלות כל פלפל בתערובת אורז וגבינות קרם ובשל. שלב בתבנית אפייה. מעלה הלב כלפי חותף דע עם פלפלים מניחים. והבקר מים סמיכ כדי להפוך את הקרמה למרק בטור נפרדת.

d) יצוקים על הפלפלים.

e) אופים מכוסה במשך 25 עד 35 דקות.

66. אלוממ יופא ןטייס ילצ

רכיבים:

- 1 סטייטן מבושל בסיסי , אל מבושל
- 1 כף שמן זית
- 1 בצל צהוב קטן, קצוץ
- 1 צלע סלרי, חתוך
- ½ כפית טימין מיובש
- ½ כפית מרווה מיובשת
- ½ כוס מים, או יותר במידת הצורך
- מלח ופלפל שחור גרוס טרי
- 2 כוסות קוביות לחם מחש טרי
- ¼ כוס פטרוזיליה טרייה טחונה

הוראה:

(a) מניחים את הסייטן בגולמי על משטח העבודה הקמח ומקמחים קלות ממקומם ותו אותו בעזרת ידיים מקמוחות עד קלות שהוא יבוש בערך ½ אינץ'.

(b) מניחים את הסייטן בפחוס בין שני ירידי תעזירי ניילון או נייר פרגמנט. השתמשו ובמערוך כדי לשטח אותו כך שתוכל (הוא היה אלסטי עמיד). למעלה עם תבנית עם ניין הייפא עם גלו מים או שימרוי ותלתו לו חונל מזבן ומכי את המילה.

(c) בחמבת גדולה המחממים את השמן ומן על אש בינוני. מוסיפים את הבצל הסרלי. רחוכיר עד 10 דקות, ערבבים את פנים המינה את הטימ|ן, המרווה, מים, ומלו. מכסים ומבשלים עד לירוך מעטה יפל לפלפו.

(d) מסירים מהאש שהמוני ומחינים את המלחה והפטרוזיליה בארע תערבת גדולה בצד. מחינים את מוסיפים את התבורה לצבה מערבבים בטיה, מוסיפים עוד מים אם תילמה השבי מדי. אם מה חונק. הצרוה תדימב לובית מתקנין מעוטים, להפָּרִשיר.

(e) מחממים את התנור ל-350 מעלות צלזיוס. משמנים קלות תבנית הייפא לגדוב. מדרדים את הסייטן ופחוס מערוך עד בעוד חעהת מוחרים את מחינ|' אינץ 9X13. מוחרים על פנים המילה על פני הסטח שלי מגלילים ואתו בהזריהו ובאופן אחדי. מנחים את רחתפ צלילי פלפי המטב בתבנית האיפה הכומה. מחרום מים עמו שמן על החלק מעילה והפנודות שלי צלילי אופים, מכסים בשמדש 45 דקות, זאו מחשיפים עד אופים או מבלבלת סוח יצי ומברקיר, כ-15 דקות יותר.

(f) מוצאים מהתנור ומחינים בצד ל-10 דקות לפני שפורסים. השתמשו בסכין משוננ|ות ½ אינץ', כדי לחתוך אותו ולפרוסו לגדוב.

םיאלוממ תופוע

67. אלוממ פוע הזרפק ריווא ןוגיט

רכיבים:

- 2 חזה עוף גדולים ללא עצמות ללא עור (בערך 1 פאונד)
- 1 גבעיניה אמור, פרוסה
- ¼ פאונד מוצרלה טרייה, פרוסה בעובי של כ-¼ אינץ'
- 6 עלי בזיליקום טרייה
- 1 כף תבית איטלקי
- 1 כפית מלח
- ½ כפית פלפל
- 1 כפית שמן זית כתית מעולה
- 1 כפית חומץ בלסמי (אל חובה)
- קורט מלח ופלפל

הוראה:

a) מכינים את העוף של כל הבשר דצל בחר סיכ פירוסים: פרוממה אלומקפז הזרפז חותכים עמכט דצל השנה ינבא לבא אל דע הסופק.

b) פותחים את העוף מטפטפים את בשמן הצרור האיחד ומתבלים בלפל חלמב. מטפטפים את העוף הפרפר.

c) על החצי ימנים של כל הזה העוף, בשכב ואת הפרוסות המוצרלה, הפרוסות אגבניה והבזיליקום טרה.

d) מקפלים את הזהוריות צדה את השמאלי של העוף הפרפר על ימינ ואומטים אותו ב- 24 קיסמים.

e) מתבלים את החלקה העליון של כל הזה בתיבול יקליטי וקורו מלח ולפפל.

f) מרססים סיסרפ ירפו ישולש על גבי לכ הזה העוף בטובל

g) מחממים את האגיטון האוורי ל-350 מעלות F.

h) מפרדים את הסלקלית בתחום או בניר פסק. מוסיפים את הזה העוף הממואלים. מכוונים.

i) משלים 350 מעלות 2530 דקות או עד שהטמפרטורה הפנימית של העוף מגיעה ל-165 מעלות F.

j) מטפטפים חומץ בלסמי לפני ההגשה (אם משתמשים).

68. השאק תילמ םע שינרוק קחשמ תלוגנרת

:רכיבים

- 2 תרנגולות קור קורניש
- ½ לימון
- מלח ופלפל
- 4 רצועות ביקון
- ¾ כוס יין אדום

מלית קאשה:

- 1 כוס גריסי כוסמת
- 1 ביצה (פורט הטעם)
- 3 רצועות ביקון חתוך (חתוך לחתיכות)
- 2 כף חמאה
- 1 בצל בינוני (קצוץ)
- 1 שן שום טחון (הטחון)
- ½ פלפל ירוק (קצוץ)
- ¼ ק"ג פטריות (קצוצות)
- 1 כפית אורגנו
- ½ כפית מרווה
- מלח ופלפל לפי טעם

הוראות:

a) משפשפים ציפורים מבפנים ומבחוץ במלון והזפרים היטב חלם ופלפל סורג טרי.
b) מחממים תנור רונה ל-450 מעלות פרנהייט).
c) ממלאים חללם במלית הקאשה. סוגר תפח בשיפודים.
d) מניחים ציפורים, כשהחזה כלפי מעלה, על רשת בתבנית היללה החותה, ומכסים
    את החזה בביקון. מצננים 15 דקות.
e) מורידים את החום ל-325 מעלות F. ומוסיפים יין אדום. צולים במשך 35 עד 40
    דקות, מבסוטים לעתים קרובות כל 15 דקות, אם אפשר); להוסיף עוד יין במידת
    הצורך.
f) עובר מלית קאשה:

g) מערבבים את הגרסיים עם הציב טרופה;להוסיף למחבת על אש גבוהה. מערביבם את הגרסיים עם ביצה טרופה;להוסיף למחבת על אש הגובה. שים לב עד שהגרגרים נפרדים, ואז מוסיפים את המים הרותחים.

h) מכסים את המחבת, מנמיכים את האש ומבשלים 30 דקות.

i) בינתיים מטגנים את הבייקון במחבת גדול הנוסף.

j) כשהבייקון שחום קלות, הוציאם לצד אחד ומוסיפים את המחאה.

k) תן לזה לחרוך והוסיף לצב, שום, פלפל לפי רוח טפריות;ערב בלל אלל הפספה.

l) מוסיפים אורגנו, מרווה, חלם חלפו. מנמיכים את האש ומוסיפים את הגרסיים שמהאש מתקנים בית לובית ומסירים מהאש. מערבבים היטב, מבושלים.

m) כאשה נקראת לתעת גירבות כוסרי גרסיי סוכמת. הוא עשוי מדגן וכוסמת סוכמת. מולי, המ שנתון לו טעם טעים דומי אגוזים.

עוף צלוי ממולא .69

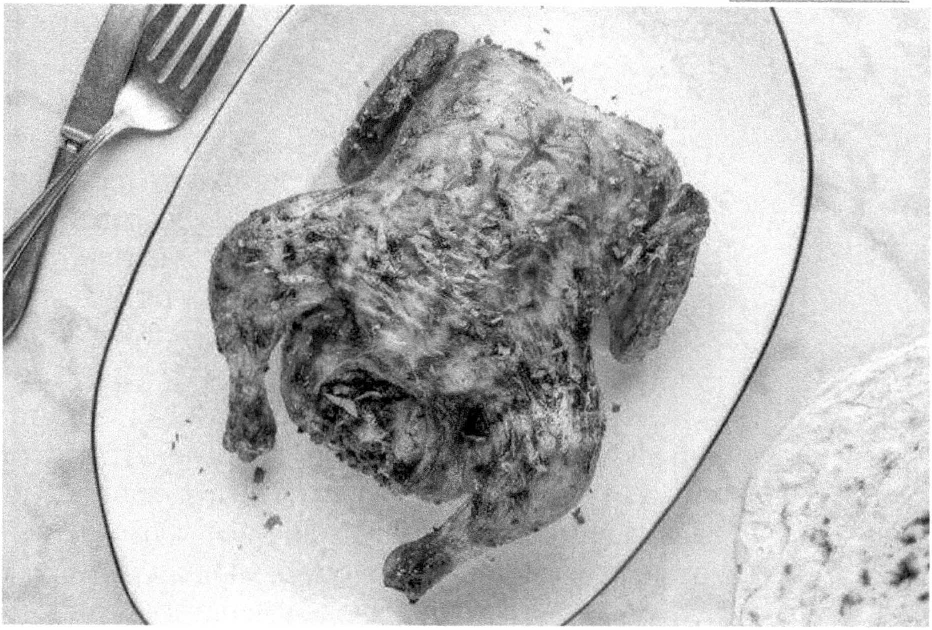

רכיבים:

- 1 עוף שלם
- 1 כוס פירורי לחם
- 1/2 כוס בצל קצוץ
- 1/2 כוס סלרי קצוץ
- 1/4 כוס פטרוזיליה טרייה קצוצה
- 2 שיני שום, קצוצות
- 2 כפות חמאה
- 1 כפית טימין מיובש
- מלח ופלפל לפי הטעם

הוראות:

a) מחממים את התנור ל-375 מעלות צלזיוס (190 מעלות צלזיוס).

b) במחבת ממיסים את החמאה על אש בינונית. מוסיפים את הבצל הקצוץ, הסלרי, השום, הטימין, המלח והפלפל. מטגנים עד שהירקות רכים.

c) מערבבים בקערה פירורי לחם, ירקות מוקפצים ופטרוזיליה קצוצה.

d) ממלאים את חלל העוף בתערובת פירורי הלחם.

e) מניחים את העוף הממולא בתבנית צלייה וצולים בשעה או עד שהעוף מוכן.

f) נותנים לו לנוח כמה דקות לפני גילוף והגשה.

70. <u>אלוממ ודוה הזח</u>

רכיבים:

- 1 חזה הודו ללא עצמות
- 1 כוס עלי תרד טריים
- 1/2 כוס גבינת פטה, מפוררת
- 1/4 כוס עגבניות מיובשות, קצוצות
- 2 כפות בזיליקום טרי קצוץ
- 2 כפות שמן זית
- מלח ופלפל לפי הטעם

הוראה:

a) חממו את התנור ל-375 מעלות צלזיוס (190 מעלות צלזיוס).

b) הכינו את חזה ההודו על ידי חיתוך שרק בחיתור. רוצו חתך לאורך למרכז, אבל לא לחתוך עד הסוף.

c) פתחתו את חזה ההודו כמו ספר פתוחו בו בפטיש בשר כדי לשטח אותו ולעם.

d) תבלינו את חזה ההודו במלח ופלפל.

e) שבבו את עלי התרד, גבינת הפטה, העגבניות המיובשות והבזיליקום על צד חלק של חזה ההודו.

f) מקפלים את הצד השני של חזה ההודו על המילה כדי להדקים אותו וזרזרת קיסמים או חוט מטבח.

g) מניחים את חזה ההודו המומלא בתבנית אפייה ומזלפים מעליו שמן זית.

h) צולים כשעה או עד שהטמפרטורה הפנימית מגיעה ל-165°F (74°C).

i) מניחים לו לנוח כדקות קודם פריסוס ומגישים.

162

71. ברווז ממולא

רכיבים:

- 1 ברוז שלם
- 1 כוס קינואה מבושלת
- 1/2 כוס משמשים מיובשים קצוצים
- 1/4 כוס פיסטוקים קצוצים
- 2 כפות דבש
- 2 כפות מיץ תפוזים
- 1 כפית גרידת תפוז מגוררת
- מלח ופלפל לפי הטעם

הוראה:

a) חממים את התנור ל-375 מעלות צלזיוס (190 מעלות צלזיוס).

b) שוטפים את הברוז ומייבשים אותו.

c) מערבבים בקערה האת קינואה מבושלת, משמשים מיובשים קצוצים, פיסטוקים, דבש, מיץ תפוזים, גרידת תפוז מגוררת, מלח ופלפל.

d) ממלאים את חלל הברוז במילת הקינואה.

e) מניחים את הברוז הממולא על רשת בתבנית צלייה.

f) צולים כשעתיים עד או עד שהברוז מבושל לגמרי והעור פריך.

g) נותנים לו לנוח כמה דקות לפני גילוף והגשה.

72. חזה עוף ממולא עם תרד ופטה

רכיבים:

- 4 חזה עוף ללא עצמות וללא עור
- 2 כוסות עלי תרד טריים
- 1/2 כוס גבינת פטה מפוררת
- 2 כפות עגבניות מיובשות קצוצות
- 2 שיני שום, קצוצות
- 2 כפות שמן זית
- מלח ופלפל לפי הטעם

הוראות:

a) מחממים את התנור ל-375 מעלות צלזיוס (190 מעלות צלזיוס).
b) יוצרים חתך אופקי בכל חזה עוף ליצירת כיס.
c) במחבת מחממים שמן זית על אש בינונית. מטגנים את התרד, השום והעגבניות המיובשות עד שהתרד נבול.
d) מסירים מהאש ונותנים לתערובת להתקרר מעט. מערבבים פנימה את גבינת הפטה.
e) ממלאים כל חזה עוף בתערובת התרד והפטה.
f) מתבלים את החלק החיצוני של חזה העוף במלח ופלפל.
g) מניחים את חזה העוף הממולאים בתבנית אפייה ואופים כ-25-30 דקות או עד שהעוף מוכן.
h) נותנים להם לנוח כמה דקות לפני ההגשה.

73. אלוממ וילש

רכיבים:

- 8 שליו
- 1 כוס קוסקוס מבושל
- 1/2 כוס תאנים מיובשות קצוצות
- 1/4 כוס שקדים קצוצים
- 2 כפות פטרוזיליה טרייה קצוצה
- 2 כפות שמן זית
- מלח ופלפל לפי הטעם

הוראה:

a) חממים את התנור ל-375 מעלות צלזיוס (190 מעלות צלזיוס).

b) שוטפים את השליו ומייבשים אותם.

c) מערבבים בקערה קוסקוס מבושל, תאנים מיובשות קצוצות, שקדים קצוצים, פטרוזיליה קצוצה, שמן זית, מלח ופלפל.

d) ממלאים כל שליו בתערובת הקוסקוס.

e) מניחים את השליו הממולאים בתבנית אפייה ומזלפים שמן זית.

f) צולים כ-20-25 דקות או עד שהשליו מבושלים ומשחימים.

g) נותן להם לנוח כמה דקות לפני ההגשה.

168

74. תואלוממ ודוה ילגר

רכיבים:

- 4 גלבי הודו
- 1 כוס קינואה מבושלת
- 1/2 כוס דובדבנים מיובשים קצוצים
- 1/4 כוס אגוזי מלך קצוצים
- 2 כפות מרווה טרייה קצוצה
- 2 כפות חמאה מומסת
- מלח ופלפל לפי הטעם

הוראות:

a) .(190 מעלות צלזיוס) חממו את התנור ל-375 מעלות צלזיוס
b) .שטפו את גלבי הודו ויבשו אותם
c) בערבוב בקערה קינואה מבושלת, דובדבנים מיובשים קצוצים, אגוזי מלך מומסת, קצוצים, מרווה הטרייה, חמאה מומסת, מלח ופלפל.
d) .צור כיס בלב גלר הודו על ידי שחרור זהירות הרור מבלי להסיר אותו לחלוטין
e) .ממלאים כל לב גלר הודו בתערובת הקינואה המתוחת לער
f) .מניחים את כיס שוקי הודו וממלאים אותם בתבנית אפייה במרירים בחמאה מומסת.
g) .צולים כשעה או עד שגלר הודו ומבושלת ורועו פריך
h) .ונת להם לנוח כמה דקות לפני פנית ההגשה

75. תוירטפו זרוא םע תואלוממ שינרוק תולוגנרת

רכיבים:

- 4 תרנגולות משחק קורנית
- 1 כוס אורז לבן מבושל
- 1/2 כוס פטרייות קצוצות
- 1/4 כוס בצל קצוץ
- 2 כפות פטרוזיליה טרייה קצוצה
- 2 כפות חמאה מומסת
- מלח ופלפל לפי טעם

הוראות:

(a) מחממים את התנור ל-375 מעלות צלזיוס (190 מעלות צלזיוס).

(b) שוטפים את התרנגולות היטב וייבשו אותן.

(c) בחמבת ממיסים חמאה על אש גבוני. מוסיפים פטריות קצוצות, בצל, חלם עד שמטגנים. מטגנים עד שהפטריות והבצל רכים. לפלפו.

(d) מערבבים בקערה אורז מבושל, פטריות מוקפצות, פטרוזיליה הצוקה, חלם ופלפל.

(e) ממלאים לב תרנגולת קורינש בתערובת האורז והפטריות.

(f) מניחים את התרנגולות הקורינש הממולאות בתבנית אפייה ובמברישים החמאה מומסת.

(g) צולים כ-45-50 דקות או עד שהתרנגולות מבושלות ומשחימות.

(h) נתן להם לנוח חונל כמה דקות תוק לפני ההגשה.

172

76. אווז ממולא

רכיבים:

- 1 אווז שלם
- 2 כוסות ערמונים מבושלים, קלופים וקצוצים
- 1 כוס תפוחים חתוכים לקוביות
- 1/2 כוס בצל קצוץ
- 1/4 כוס מרווה טרייה קצוצה
- 2 כפות חמאה מומסת
- מלח ופלפל לפי הטעם

הוראות:

a) מחממים את התנור ל-375 מעלות צלזיוס (190 מעלות צלזיוס).
b) שוטפים את האווז ומייבשים אותו.
c) מערבבים בקערה ערמונים מבושלים, קוביות תפוחים, בצל קצוץ, מרווה קצוצה, חמאה מומסת, מלח ופלפל.
d) ממלאים את חלל האווז במלית הערמונים.
e) מניחים את האווז הממולא על רשת בתבנית צלייה.
f) צולים כ-2.5-3 שעות או עד שהאווז מבושל והעור פריך.
g) נותנים לו לנוח כמה דקות לפני גילוף והגשה.

77. אלוממ ןויספ

רכיבים:

- 2 פסינוס
- 1 כוס אורז רב מובשל
- 1/2 כוס חמוציות מיובשות קצוצות
- 1/4 כוס אגוזי מלך קצוצים
- 2 כפות טימין טרי קצוץ
- 2 כפות חמאה מומסת
- מלח ופלפל לפי הטעם

הוראות:

a) מחממים את התנור ל-375 מעלות צלזיוס (190 מעלות צלזיוס).

b) שוטפים את הפסינוס ומייבשים אותם.

c) מערבבים בקערה את אורז רב מובשל, חמוציות מיובשות קצוצות, אגוזי מלך קצוצים, טימין קצוץ, חמאה מומסת, מלח ופלפל.

d) ממלאים כל פסינוי בתערובת אורז רבה.

e) מניחים את הפסינוס הממולאים על רשת בתבנית צלייה.

f) צולים כשעה או עד שהפסינוס מבושלים ומשחימים.

g) תנו להם לנוח כמה דקות לפני ההגשה.

176

כדורי בשר ממולאים

78. קציצות ממולאות איטלקיות

כרביבים:

- 1 ½ ק"ג בשר בקר טחון (80/20)
- 1 כפית אורגנו
- ½ כפית תבלין לובית איטלקי
- 2 כפית שום טחון
- ½ כפית אבקת בצל
- 3 כפות רסק עגבניות
- 3 כפות אורחת זרעי פשתן
- 2 ביצים גדולות
- ½ כוס זיתים, פרוסים
- ½ כוס גבינת מוצרלה
- 1 כפית רוטב ווסטרשייר גה.
- מלח ופלפל לפי טעם

הוראה:

a) בקערת ערבוב גדולה, הוסיפו את בשר הבקר הטחון, האורגנו, והביתה האיטלקי, עם בערבוב הזרעת הידיים. ובקערת השום הבהצלה. מערבבים בטיה בערבב הזרעת הידיים

b) הוסיפו את הביצים, רסק העגבניות, זרעי הפשתן וווסטרשייר ועברבבו שוב.

c) הוסיפו, תחו ואת הזיתים חלתיבית קנטות והוסיפו את הז לבשר עם דחי עם מערבבים המורה. מערבבים בכח לכה בטיה גבינת המוצרלה

d) מחממים את התנור ל-400F או מתחילים ליצור את הקציצה. בסופ של דבר האת מקבל לבער 20 קציצות בשר לכה. חינה את אל על תבנית הסוכב בניר רייק פס

e) אופים את הקציצות במשך 16-20 דקות או עד שהן מבונות

f) מגישים עם טלף סרת פשוט מתחת מפמתפטים עדוי שומן ומתבנית העוגיות.

179

79. שובב בורב ירודב

רכיבים:

- 1 בצל בינוני, חתוך
- 2 כפות חמאה
- 1 קופסת ספאם (קרקע)
- 1 כוס קורנדביף חתוך
- ¼ כפית חלב שום
- 1 כף חרדל
- 3 כפות פטרוזיליה חתוכה
- 2 כוסות רוטב בשר
- ⅔ כוס קמח
- ½ כוס ציר בקר או קוביית חמים, מומס בחצי כוס מים
- 2 ביצים טרופות היטב
- ½ כוס פירורי לחם
- ⅛ כפית פלפל

הוראה:

a)   טגן בצל בחמאה, והוסיפו ראו בזל וקורנדביף. בשלישים 5 דקות ומערבבים. לעתים קרובות. מוסיפים חלב שום, חרדל, פטרוזיליה, פלפל, רוטב בשר, ½ כוס קמח וציר בקר. מערבבים היטב. בשלישים 10 דקות.

b)   מורחים על מגש שמן לצינון. יוצרים כדורים קטנים. מגלגלים בקמח, טובלים בביצים וקמח. מגלגלים פירורים. מטגנים בשמן עמוק חום של 375 מעלות עד להזהבה.

80. פוע טלס ירודב

רכיבים:

- 1 כוס עוף קצוץ
- 1 כף בצל קצוץ
- 2 כפות פימנטוס; קצוץ
- ½ כוס מיונז
- 1 כוס אגוזי פקאן קצוצים

הוראה:

a)   מערבבים הכל יחד ומערבבים היטב. מצננים 4 שעות.

b)   יוצרים כדור בגודל 1 אינץ'.

81. ירודב הראקא יפאלפ

רכיבים:
- 2 כוסות אפונה שחורה (מנגקו, מקולף ושהירו)
- 1 פלפל הבנרו
- 1 בצל גדול (חתוך לערבוב)
- חלם או אבקת חמין לפי טעם.
- ¾ כוס מים
- 3 כוסות שמן לבישול (טיגון ועמוק)

הוראה:
a) עבירו את השהעעית הסופוגה לבלבנד, והוסיפו את הבצל, לפלפה ו-¾ כוס מימה. עמברבים עד לקבלת תערובת חלקה. מעבירים את הבלילה את מיקסר עם המהפרכות.

b) מוסיפים חלם או מקציפים את הבלילה כ-6 דקות עד בשל ריווח בתערובתה.

c) מזמן מקשצפים את הבלילה המחממת אה השמן לטיגון.

d) כשהשמן חם, גורפים את הבלילה לתוך השמן בעזרת היד, היזהרו אל תלת צאצבעות לגל משמן וחם.

e) מטגנים עד להזהבה. זכור רובה להעיף את האקראה לצד השני כדבכור ירודקה שוה ופואב ומיחשי.

f) מעבירים לסלסלת טיגון מרופדת במגבת נייר כטמח לספיגת עודפי שמן.

82. קציצות ממולאות זיתים

רכיבים:

- 1 כף קמחה
- 1 כוס בצל, קצוץ
- 2 שיני שום קטנות , קצוצות
- 1¼ פאונד בשר טחון
- ½ כוס פירור לחם רכיב
- ½ כוס פטרוזילי קצוצה דק
- 1 ביצה גדולה וכוס סוכר מרק בכד דבב
- 16 זיתים ירוקי ממולאים קטנים
- ¼ כוס שמן בוטנים
- 3 כפות קמח
- ½ כוס יין לבן ובש יחצו וחוסו מרק עוף
- 1 כף רסק עגבניות
- 1 כף חרדל דיז'ון

הוראה:

a) מבשלים בצל שום . שימו את הבשר בקערת ערבוב ומוסיפים את הבצה והשום במבושלים, פירור לחם , הפטרוזיליה, הביצה, מחצית הספה תנמשה ואוזג המוסקט.
   מערבבים היטב. מחלקים ל-16 חלקים שווים.

b) מכינים כדורים רך תוך איטוי בזית .

c) מבשלים, הופכים לעתים קרובות כדי שישחימו ובאופן שווה, במשך כ-5-10 דקות.

d) מערבבים פנים המינה את הקמח, ולאחר מכן מוסיפים את היין . במבשלים את המוסיפים את הקצוציות , רוך ערבוב . מוסיפים את הקצוציות.

e) מערבבים את השמנת שנותרה ואת החרדל לתוך ורוך הטורה .

83. תוינוכית םי תואלוממ תוציצק

רכיבים:

- 1 חציל גדול, קלוף וחתוך לקוביות
- 4 עגבניות , קלופות וקצוצות
- 4 כפות פטרוזיליה טרייה
- מלח ופלפל
- שום, בצל ופלפלים
- טימין ואורגנו מוסקט
- ½ כוס ציר עוף
- 1½ קילו בשר טחון
- 2 פרוסות לחם
- ⅓ כוס גבינת פרמזן
- ביצה 1
- ברוקולי, ברוביט, קישואים
- ספגטי או פסטה אחרת

הוראה:

a) . מכינים רוטב: מטגנים שום בשמן זית. מוסיפים צבע ומשישביים טלגן .
b) ולאחר מכן; לשבל המשר. המשיבנגעו וציליה חיצואים, רירוקי פלפלים מוסיפים טרוזיליה, מלח ופלפל, טימין וציר עוף.
c) מוסיפים אמה המוסמת, חלם ופלפל מנמיחים צבד.
d) רצויי דכורים בדהמקדים קרי רקים מולבן במרכז כל כדור.
e) טובלים כדורים בביצה וללאחר מכן בפירורי לחם מטגנים בשמן עמוק במשר 6 עד 8 דקות עד להזהבה.

189

84. תוציצק תילמו ודוה

רכיבים:

- ½ כוס חלב
- 1 ביצה
- 1 כוס תערובת מלית חלם מסרית
- ¼ כוס סלרי קצוץ דק
- 1 כפית חרדל דיבש
- 1 קיל והדו וטחון
- חפית 16 אונקיות של טור עוף מחוצות ג'ליי
- 1 כף סוכר חום
- 1 כף רוטב ווסטרשייר

הוראה:

a) מחממים תנור רונה ל-375 °F. בקערה הגדול מערבבים חלב וביצה; נלחצו הטיב.

b) מערבבים תערובת מלית, סלרי וחרדל; גמזג הטיב. הוסף ודה; ולערבב הטיב.

c) יוצרים כדורים בגודל 48 (1 אינץ'). מניחים בתבנית אפייה אל משומנת בגודל 1x10x15 אינץ'.

d) אופים ב-375 מעלות במשך 20 דקות או עד שהקציצות מחשימות ואינן ורודו יותר במרכז.

e) ניתניים, בסיר גדול מערבבים את כל ברכיבי הרוטב; לערבב הטיב.

f) מביאים לרתיחה על אש החיתה ביניוני. מאיבטני אש עד לה שמבשלים 5 דקות רות. מערבבים בעדוניות קציצות לרוטב; מוסיפים קציצות בעדוניות לציפוי. ערבוב מדי פעם.

85. קציצות ממולאות בגבינה

סיביכר:

- תיז ןמש ףכ 1
- תויבוקל ךותח לצב תופכ 2
- ודוה וא הזר ןוחט רקב רשב תויקנוא 8
- היוס בטור ףכ 1
- תשבוימ הוורמ תיפכ ¼
- תויבוק 8-ל ךותחל ;תירציווש הניבג וא רד'צ תויקנוא 4

תוארוה:

a) .325F-ל רונתה תא םיממחמ

b) .תבחמ יירפס וא תיז ןמש טעמב הדודר הייפא תינבת םינמשמ

c) םיפיסומ .ןשעמ אל ךא םח אוהש דע תינוניב שא לע תבחמב ןמשה תא םיממחמ .תוקד 10-כ ,הבהזהל דע םינגטמו לצבה תא

d) הנומשל תבורעתה תא םיקלחמ .הוורמהו היוסה בטור ,רקבה ,לצבה תא םיבברעמ לע רוזח .הציצק תרוצל תבורעתהמ דחא קלחב ותוא םיסכמו הניבג שוג םיחקול .תונמ .תוציצק הנומש לכה ךסב רוציל ידכ הלועפה

e) .תוקד 30 םיפואו תנמושמה תינבתב תוציצקה תא םיחינמ

אלוממ ופוט

86. שרימפס ממולא טופו

רכיבים:

- ½ קילו טופו יציב
- 2 אונקיות שרימפס מבושלים, קלופים ומפרורים
- ⅛ כפית מלח
- פלפל לפי הטעם
- ¼ כפית עמילן תירס
- ½ כוס מרק עוף
- ½ כפית יין אורז סיני או שרי יבש
- ¼ כוס מים
- 2 כפות רוטב צדפות
- 2 כפות שמן לטיגון
- 1 בצל ירוק, חתוך לחתיכות בגודל 1 אינץ'

הוראות:

a) מסננים את הטופו. שוטפים את השרימפס ומייבשים אותם עם נייר סופג. הכריעו את השרימפס במלח, פלפל ועמילן תירס למשך 15 דקות.

b) מחזיקים את הסכין במקביל לקרש החיתוך, חוצים את הטופו לשניים לאורכו. חותכים כל חצי ל-2 משולשים, ואז חותכים כל משולש ל-2 משולשים נוספים. כעת אמורים להיות לך 8 משולשים.

c) חותכים פיצול לאורך בצד אחד של הטופו. מכניסים ¼-½ כפית מהשרימפס לתוך החריץ.

d) מוסיפים שמן לווק או מחבת שחומם מראש. כשהשמן חם מוסיפים את הטופו. משחימים את הטופו כ-3-4 דקות, הופכים אותו לפחות פעם אחת ומוודאים שהוא לא נדבק לתחתית הווק. אם נשארו לכם שרימפס, הוסיפו אותם בדקה האחרונה של הבישול.

e) מוסיפים את מרק העוף, יין האורז קונג'אק, המים ורוטב הצדפות לאמצע הווק. להביא לרתיחה. מנמיכים את האש, מכסים ומבשלים 5-6 דקות. מערבבים פנימה את הבצל הירוק. הגש חם.

87. ריזח יולימב ופוט ישלושמ

רכיבים:

- ½ ליק וטופ יצבי
- ¼ ליק וזחר טחנו
- ⅛ כפית מלחח
- פלפל לפי טעמס
- ½ כפית ויי ורזא סניי או שרש יבש
- ½ כוס מרק עוף
- ¼ כוס מים
- 2 כפות רוטב דצפדות
- 2 כפות שמן טיגון
- 1 צלב ירוק, חתוך לחתיכות בגודל 1 אינץ'

הוראות:

a) מנסנים את הטופו. מניחים את החזיר וטחנו בקערה בינונית. מסיפים את
המלחה, פלפל וייו האזרא נוקהא. משריס את החזיר במשך 15 דקות.

b) מחזיקים את הסכין ומבקבל קרש חיתור, חוצים את הטופו לשניים ולאורכ
בעת. חותכים כל חצ לשניים, ואז חותכים כל חצ ל-2 משולשים, ל-2 משולשים סופים.
אמורים להיות לך 8 משולשים.

c) ¼ חותכים פיצול ולארכו ואדח קהצתו של כל פוט. שלושם ובחתים
כביע השודה מהחזיר וטחנו לתור החריה.

d) מוסיפים שמן או לוק אל מחבת שמוחם מראש. כשהשמן חם מוסיפים את הטופו.
אם נשארו וכל בשר חזיר טחנו, הוסיפו וגם אותו. מחשמים את הטופו כ-3-4 דקות,
הופכים אותו פעם אחת ומוודאים שאוהו לא נדבק לתחתית הקווה.

e) מוסיפים את הטופו קרם עוף, הימס ורוט בטורו הצפדות למאל עצמה הקווה. להביא לרתיחה.
קוריה לצבה את הפני המין מערבבים 5-6 דקות. כמכסים ומבשלים את האש, שאה את המנמכים
גהש חם.

198

88. נחלים גרגר ממולא טופו

רכיבים:

- 1 קילו וטוף ויצי במיחד, מסונן, חתוך לפרוסות של ¾ אינץ' ולחוץ
- חלם פלפל שחור גרוס טרי
- 1 צרור קטן של גרגיר הנחל, גבעולים קשים הוסרו וקוצצים
- 2 גבינות שזיפים בשלות, קצוצות
- 1/2 כוס בצל קוצ טחון
- 2 כפות פטרוזיליה טריה טחונה
- 2 כפות בזיליקום טרי טחון
- 1 כפית שום טחון
- 2 כפות שמן זית
- 1 כף חומץ בלסמי
- כורכום טרי
- 1/2 כוס קמק חלב למטרה
- 1/2 כוס מים
- 11/2 כוסות פירורי לחם יבשים חלה אל מתובלים

הוראות:

a) חותכים סיך ארוך ועומק לכל צד פרוס וטוף את המניחים על לבינת. אפייה מתבלים במלח ופלפל לפי טעם ומניחים בצד.

b) מערבבים בקערה את הגלודה את גרגיר הנחלים, העגבניות, הבצל קוריה, הפטרוזיליה, הבזילקום, השום, ו2 כפות שמן, לחומץ, סוכר חלב ופלפל לפי טעם. מערבבים עד לקבלת תערובת אחידה, או מכניסים את התערובת בהזריות כלוסי וטוף.

c) מניחים את המניחים בקערה הדודר. יוצקים את מים לקמק הדודר נפרדת. מניחים את פירורי החלה על צלחת הגלודה. מטבילים את וטוף במק, ורואים את במק וטוף ובלוטן ואלה כמו רחאל, ואותו בזהירות ומים, ואלה כמו רחאל, ואותו בפירורי החלה, מצפים הטיה בטה.

d) בחמבת הגלודה מחממים את 2 כפות שמן הנותרות על אש בינוני. מוסיפים את וטוף ומבשלים עד להזהב, הופכים פעם אחת, עד 4 עד 5 דקות לכל צד. מגישים מיד.

200

89. םיאלוממ ופוט יסיכ

רכיבים:
- 4 כוסי טופו גדולים
- 1 כוס קינואה מבושלת
- 1/2 כוס ירקותי מעורבים חתוכים לקוביות (גזר, פלפל, זוקיני וכו')
- 2 בצלים ירוקים, קצוצים
- 2 כפות רוטב סויה
- 1 כף שמן שומשום
- 1 כפית ג'ינג'ר מגורר
- מלח ופלפל לפי הטעם

הוראות:

a) חממו את התנור ל-375 מעלות צלזיוס (190 מעלות צלזיוס).

b) בקערה גדולה ובלש הקינואה המבושלת, ירקותי מעורבים חתוכים לקוביות לצב, בצל קורי קצוץ, בטור סויה, שמן שומשום, ג'ינג'ר מגורר, חלם ופלפלו.

c) מלאמים כל כיס טופו ובתערובת הקינואה.

d) מניחים את כיסי הטופו והממולאים על מניתה עם תבנית על הממולאים ואופים ריין אפיה 20-25 דקות או עד שהטופו מחומם ממזהיב בקלות.

e) הגש חם.

90. תוירטפו דרת םע אלוממ ופוט

רכיבים:

- 4 גושי טופו גדולים
- 2 כוסות עלי תרד טריים
- 1 כוס פטריות חתוכות לקוביות
- 1/2 כוס בצל חתוך לקוביות
- 2 שיני שום, קצוצות
- 2 כפות רוטב סויה
- 1 כף שמן שומשום
- מלח ופלפל לפי הטעם

הוראות:

a) מחממים את התנור ל-375 מעלות צלזיוס (190 מעלות צלזיוס).
b) חותכים חריץ לכל גוש טופו כדי ליצור כיס למילוי.
c) במחבת מחממים שמן שומשום על אש בינונית. מטגנים את קוביות הפטריות, הבצל והשום הקצוץ עד שהירקות רכים.
d) מוסיפים את עלי התרד הטריים למחבת ומבשלים עד שהם נבולים.
e) מתבלים ברוטב סויה, מלח ופלפל.
f) ממלאים כל גוש טופו בתערובת התרד והפטריות.
g) מניחים את גושי הטופו הממולאים על תבנית עם נייר אפייה ואופים 20-25 דקות או עד שהטופו מתחמם.
h) הגש חם.

91. םינטוב בטורב םיאלוממ ופוט ישלושמ

רכיבים:

- 4 משולשי טופו וגדולים
- 1 כוס אטריות אורז מבושלות
- 1/2 כוס גזר מגורר
- 1/4 כוס כוסברה קצוצה
- 2 כפות בוטנים קצוצים
- 2 כפות רוטב סויה
- 1 כף חומץ אורז
- 1 כף חמאת בוטנים
- 1 כפית רוטב סריראצ'ה (לא חובה)
- מלח ופלפל לפי טעם

הוראות:

a) בקערה שלבו את האטריות אורז מבושלות, גזר מגורר, כוסברה הקצוצה, בוטנים קצוצים, חומץ אורז, חמאת בוטנים, רוטב סריראצ'ה, חלב ופלפל.

b) חתכו חריץ בכל משולש טופו בכדי ליצור כיס למילוי.

c) מלאו בזהירות כל משולש טופו בתערובת האטריות.

d) מחממים מחבת עם שמן על אש בינוני וממקמים בהם את הטופו קלוט.

e) בשלישו את משולשי הטופו וממלאים במשך 3-4 דקות לכל צד עד שהם מתחממים ומשחימים קלות.

f) מגישים חם עם רוטב בוטנים נוסף אם תרצו.

92. תוקר'י ברועמ םע תואלוממ ופוט תוינמחל

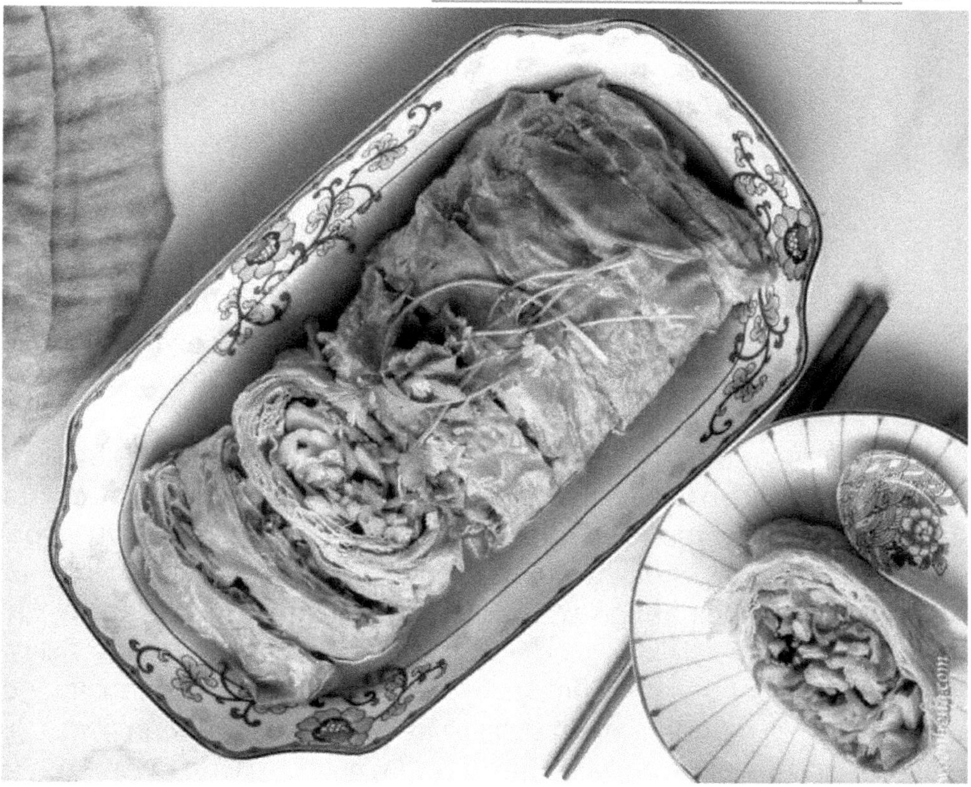

רכיבים:

● 4 דפי טופו וגדולים
● 1 כוס קינואה מבושלת
● 1/2 כוס פלפל חריף לקותר חלבותוי (אדום, צהוב או ירוק)
● 1/4 כוס גזר חתוך לקוביות
● 1/4 כוס מלפפון חתוך לקוביות
● 2 כפות ענבע טריה קצוצה
● 2 כפות כוסברה טריה קצוצה
● 2 כפות בטור סויה
● 1 כף מיץ ליים
● חלם ופלפל לפי הטעם

הוראות:

a) בקערה שלב ובלשת קינואה המבושלת, פלפלים חריפים, גזר חתוך לקוביות, מלפפון חתוך
 לקוביות, ענבע קצוצה, כוסברה קצוצה, בטור הסויה, מיץ ליים, חלם ופלפל.
b) מניחים על הטופו ומפזרים שטוח את תערובת הקינואה על הצק אחד.
c) מגלגלים את דף הטופו וחזוחק ביבס המילוי, מהדקים אותו ובקיסמים במידת
 הצורך.
d) חוזרים על הפעולה עם שאר דפי הטופו והמילוי.
e) מחממים מחבת טפלון או על אש בינוני משמנים אותו קלות.
f) במבשלים את גלילי הטופו והממולאים במשר 3-4 דקות מכל צד עד שהם מתחממים
 ומשחימים קלות.
g) הגש חם.

93. קציצות טופו וממולאות עם קרם קשיו עשבי תיבול

רכיבים:

- 4 קציצות טופו וגדולות
- 1 כוס קינואה מבושלת
- 1/2 כוס גבעונית מיובשות קצוצות
- 1/4 כוס זיתים שחורים קצוצים
- 2 כפות בזיליקום טרי קצוץ
- 2 כפות פטרוזיליה טרייה קצוצה
- 1 כף מיץ לימון
- מלח ופלפל לפי הטעם

לקרם קשיו עשביים:

- 1/2 כוס אגוזי קשיו מושרים
- 2 כפות שמרים תזונתיים
- 2 כפות מיץ לימון
- 2 כפות עירית טרייה קצוצה
- מלח ופלפל לפי הטעם

הוראות:

a) חממו את התנור ל-375 מעלות צלזיוס (190 מעלות צלזיוס).

b) בקערה בינונית, ערבבו את הקינואה המבושלת, גבעונית מיובשות קצוצות, זיתים שחורים קצוצים, בזיליקום קצוץ, פטרוזיליה קצוצה, מיץ לימון, מלח ופלפל.

c) חלקו תערובת לכל ציצית טופו וידי לציר סיב למלית.

d) ממלאים כל ציצית טופו ותערובת הקינואה.

e) מניחים את קציצות הטופו הממולאות על תבנית עם נייר אפייה ואופים במשך 20-25 דקות או עד שהטופו מחומם.

f) בערבבים בבלנדר אגוזי קשיו מושרים, שמרים תזונתיים, מיץ לימון, עירית קצוצה, מלח ופלפל. מערבלים עד לקבלת קרם קשיו עשבי תיבול.

g) מגישים את קציצות הטופו הממולאות עם זילוף של קרם קשיו עשבי תיבול.

םינגדו תוינטק תילמ

94. האוניק תילמ םע סונלבופ

רכיבים:

- 8 פלפלים בינוניים פובלנו
- 4 כוסות ציר עוף דל נתרן
- 2 כוסות קינואה
- 2 כפות שמן זית
- 3 גזרים; חתוך וחתוך לקוביות
- 1 בצל אדום בינוני ; חתוך לקוביות
- 1 כוס אגוזי מלך קצוצים; קלוי
- 2 כפות אורגנו טרי; טָחוּן
- 6 אונקיות גבינת עיזים רכה ; מְפוּרָר
- ½ כפית מלח
- ¼ כפית פלפל גרוס טרי
- רוטב אנצ'ו צ'ילי

הוראות:

a) צולים פובלנו על להבת גז . מביאים ציר לרתיחה בסיר בינוני, מוסיפים קינואה, מערבבים היטב ומנמיכים את האש לרתיחה.

b) מחממים שמן ומוסיפים גזר ובצל; לבשל .

c) מעבירים את תערובת הגזר לקינואה. מערבבים פנימה אגוזי מלך, אורגנו, גבינה, מלח ופלפל. ממלאים כל פלפל בתערובת קינואה; לסדר בתבשיל. מחממים פלפלים בתנור עד שהם חמים, והחלק העליון מעט קרום, 20 עד 30 דקות.

d) מכינים רוטב אנצ'ו-צ'ילה . להגשה, מסדרים פלפל על כל צלחת, מקיפים ברוטב .

95. תוריפו האוניק תילמ

:םיביכר

- רמוש ריזח קינקנ דנואפ ¼
- קד ץוצק ,לודג לצב 1
- הצוצק ,הלודג םוש ןש 1
- לודג טראט קורי חופת 1
- תויבוקל ךותחו ףולק לשב סגא ינוניב 1
- לודג רובט זופת 1
- תושבוימ תוינמדמוד סוכ ⅔
- םייולק ךלמ יזוגא סוכ ⅔
- ןימיט ילע ףכ 1
- םינוחט הרבסוכ יערז תיפכ 1
- תלשובמ האוניק תוסוכ 3

:תוארוה

a) שירְפַּהָל . תינוניב שא לע ררופמה קינקנה תא םינגטמ ,הלודג תבחמב

b) . םיסגאהו םיחופתה תא המינפ םיבברעמ . םילשבמו םושו לצב םיפיסומ תבחמ התואל

c) קינקנה ללוכ ,םירמוחה ראש םע תבחמל םיפיסומו תוכיתחל זופתה תא םיכתוח
ןתינ .ןוניצל דצב םיחינמ .תוקד 2 דוע םילשבמ ןכמ רחאלו דוחיאל םיבברעמ .הרומשה
ררקמבו שארמ ןיכהל

96. מיזוגאו האוניק בטור

סיביכר:

- תלשובמ האוניק סוכ 1½
- ןאקפ יזוגא וא ךלמ יזוגא תופכ 2
- קד ץוצק
- זול יזוגא תופכ 2
- קוטסיפ תופכ 2
- סינוחט ,ענענ ילע 2
- הלועמ תיתכ תיז ןמש סוכ ⅓
- ןומיל ץימ תופכ 3
- רוחש לפלפ תיפכ 1

תוארוה:

a) וא תילמכ שומישל דע דומעל םיחינמו בוברע תרעקב םירמוחה לכ תא םיבברעמ תפסותכ.

97. האוניק םיאלוממ םילפלפ

רכיבים:

- 1 כוס קינואה , שטופה ומבושלת
- 4 גדולים או 6 פלפלים ירוקים בינוניים
- 1 בצל בינוני; חתוך לקוביות
- ½ פאונד פטריות טריות; חתוך
- 2 כפות חמאה
- 28 אונקיות פחית עגבניות
- 2 שיני שום; כָּתוּשׁ
- 12 אונקיות סלסה
- 2 כפות שרי יבש
- 10 אונקיות גבינת מוצרלה

הוראות:

a) לאדות פלפלים ירוקים עד שהם רכים אך לא רכים; לְהַפְרִישׁ.

b) במחבת גדולה מטגנים בצל ופטריות בחמאה. מוסיפים עגבניות, שיני שום וסלסה. מבשלים על אש בינונית במשך 10 דקות. להוסיף שרי; מבשלים עוד 10 דקות. מקפלים פנימה קינואה.

c) שים פלפלים בתבנית אפייה; ממלאים פלפלים בתערובת קינואה. זה ייקח בערך מחצית מהתערובת.

d) דקים את השאריות עם מיץ שמור ויוצקים מסביב פלפלים. מפזרים גבינה על פלפלים. אופים ב-325 F

98. האוניק ילוקורב באר

רכיבים:

- 1 כוס קינואה
- 1 קופסאות שימורים (14 1/2 עוז) מרק עוף
- 2 כפות שמן זית כתית מעולה
- ½ כוס בצל קצוץ
- 1 כפית שום קצוץ
- 1 צרור רב ברוקולי גדול
- ¼ כפית קצוצה
- ¼ כפית פתיתי פלפל אדום

הוראה:

(a) טוסט קינואה, תוך ערבוב, במחבת טפלון על אש בינונית-נמוכה, 5 דקות. מביאים מרק עוף ומים לרתיחה בסיר בינוני; מערבבים פנים הקינואה.

(b) להפחית את החום לאש בינוני-נמוך; מכסים ומבשלים 12 עד 15 דקות עד שהנוזלים נספגים והקינואה רכה. מוציאים מהגז ומעבירים לקערה גדולה; לכסות ולשמור על חום.

(c) מחממים שמן במחבת גדולה על אש בינונית-גבוהה. מוסיפים בצל ושום; לבשל 3 דקות. מערבבים פנים ברוקולי, מלח, פלפל אדום. מבשלים עד שהברוקולי רך, 5 עד 7 דקות. מערבבים את הירקות לתוך הקינואה.

99. תאלוממ תעלד האוניק

רכיבים:

- 6 דלעת בלוטים קטנים
- 6 כוסות מים
- 1 כוס אורז בר מבושל
- 1 כוס קינואה , שטוף ומבושלת
- 2 כפות שמן צמחי
- 4 בצלים ירוקים; קצוץ
- ½ כוס סלרי קצוץ
- 1 כפית מרווה מיובשת
- ½ כוס חמוציות מיובשות
- ⅓ כוס משמשים מיובשים; קצוץ
- ⅓ אגוזי פקאן או אגוזי מלך קצוצים
- ½ כוס מיץ תפוזים טרי; עד 3/4
- מלח לטעמים

הוראה:

(a) מסדרים חצי דלעת עם הצד החתוך כלפי מטה בתבנית האפייה או בתבנית צלייה. אופים עד לריכוך, 25 עד 30 דקות.

(b) הורמו סלרי, קורי לצב מוסיפים . במחבת גדולה וחממו השמן מחממים הקומקום על אש שמן ומים ביניות. מוסיפים פירות יבשי ואגוזים ומבשלים, תוך ערבוב לעתים קרובות, עד שהם מתחממים. בעזרת מזלג, קינואה האומרר ואורז בר, ואז מוסיפים את המסיפים שניהם למחבת.

(c) חלמב מבתלים . לחימום עד ומערבבים תפוזים מיץ מוסיפים

.100 האוניק אלוממ לצב

רכיבים:

- 12 בצל בינוני; מקולף
- ½ כוס קניואה; מְבֻשָּׁל
- 1 כוס; מים
- ¼ כבית חלם סי
- 2 שיני שום; חתוך (אופט)
- ½ כוס פטריות; חתוך
- ½ כוס סלרי; חתוך
- 2 כפות שמן תירס או זית
- ½ כוס חומוס; מְבֻשָּׁל
- 1 כוס אגוזי מלך; קָלוּי
- 2 כפות רוטב סויה
- 2 כפות חומץ אורז חום

הוראות:

a) מחללים את הקלחה של הפנימי בעזרת צבה לזרגר חוג תפוחים, משאיארים את התחתיות לזנו ¾ כוס שומרים, שומרים לריכוד עד חלול צב כדי מאודים. מחללים את הקלחה הפנימי. שומרים ושמוארים את שומלות ביושל.

b) קוצצים דק צב שומר. מטגנים בשמן זמן צב קציץ, שום, פטריות וסלרי במשך 15 דקות. מערבבים פנימי הקניואה וחומוס מחממים (כ-5 דקות). או עד שהם מכר.

c) ממלאים צב בתערובת הקניואה . כותשים אגוזי מלך דלמא וזמן במעבד דות של בטור ומניחים את חומץ האורז ליתיר עתברות שמנת. מערבבים ביוזנלי בישול שומרים. היום חומָץ ציליתר עתברות שמנת מוללא, לצב עמו ציקוימ. צוקוי דות ערבוב במתמיד. התערובת בריס מחממים אותה דות עד לעמ מוגישים. מקטשטים ומגישים.

225

סיכום

כשאנחנו מסיימים את המסע הזה, אנו מקווים ש"תענוגות מולאים: ספר בישול של מילויים מלוחים ומתוקים" נתן לך השראה לאמץ את אמנות המילוי במטבח שלך. פעולת מילוי החומרים במילויים טעימים פותחת בפניכם עולם של אפשרויות, ואנו ממליצים לכל המשפחה לחקור ולהתנסות בבצקים ממולאים.

עם המתכונים והטכניקות המשותפות בספר בישול זה, אנו מקווים שצברת את הביטחון וההשראה ליצור מנות ממולאות מרשימות המשקפות את הטעם הייחודי וההעדפות הקולינריות שלך. בין אם אתם ממלאים ירקות, בשר, לחם או קינוחים, כל אחד מהם פותח בפניכם הזדמנות לסיפוק ואהבה לכולם.

אז, כשאתה יוצא להרפתקאות ממולאות למשל, נתן ל"תענוגות מולאים" להיות בן הלוויה המהימן שלך, לספק לך מתכונים טעימים, תוצאות מעולות ותחושת חקר קולינרי. אמצא את אמנות המילוי, שחרר את היצירתיות שלכם ותנו למטעמים הממולאים של היצירות שלכם להפתיע ולשמח את כולם בכל שלב של התהליך.

יהי רצון שהמטבח שלך יהיה תמיד מלא בניחוחות של מילויים טעימים ובלבבות מענגים. בישול שמח, ושתענוגות הממולאים שלך יביאו שמחה. כבר עכשיו התחל לחקור את אמנות המילוי. בישול שמח וטעימים לשולחן!

Milton Keynes UK
Ingram Content Group UK Ltd.
UKHW020924231123
433129UK00016B/1028

9 781835 831021